스물여섯 청춘, 100일 만에 연봉 4,000만 원 받는 비밀 노트

스물여섯 청춘, 100일 만에 연봉 4,000만 원 받는 비밀 노트

진수현 지음

나비의 활주로

PROLOGUE

연봉 4천만 원,
20대에도 가능하다

직업이야말로 우리 인생에서 선택해야 하는 사항 중 가장 중요한 것입니다. 직업 없이 삶을 영위하기란 쉽지 않기 때문이죠. 그렇다면 과연 사람들은 직업을 선택할 때 무엇을 가장 중요하게 생각할까요? '안정적인 직업, 성취감, 지식 추구, 봉사.' 아마도 주변에서 이런 대답을 흔히 들을 수 있을 것입니다. 하지만 이런 단어가 진정 마음속에서 우러나오는 것들일까요?

카네기재단의 설립자이자 인간경영 분야에서 기념비적인 업적을 남긴 인물로 평가받는 데일 카네기는 일찍이 이런 말을 했습니다.

"직업을 결정할 때에는 신중해야 하고, 단순히 '돈'이 목적이 되어서는 안 된다."

"내가 좋아하고 즐길 수 있는 직업을 선택해야 오래 일할 수 있다."

"스트레스를 받으면서 일한다는 건 불행한 일이고 의미 없는 일이다."

지금 당장 위의 세 가지 말을 큰소리로 읽어보십시오. 어떻습니까? 데일 카네기가 말을 했을 때와 당신이 직접 내뱉었을 때의 차이가 느껴지십니까? 비록 위인이 남긴 말이라고는 하지만 실제로 이러한 말들이 가슴속에 커다란 메시지를 남기고 있습니까? 그렇습니다. 사실상 이처럼 두루뭉술한 말들이 우리가 직업을 선택하는 데 있어서 중요한 선택사항에 포함되지 않는 것쯤은 누구나 알고 있습니다. 그렇다면 이제부터 제가 질문을 한번 해보겠습니다.

"당신이 20대 초반에 연봉 4천만 원을 받게 된다면 어떤 기분이 들 것 같습니까?"

저는 특히 많은 20대들이 이 책을 읽어주었으면 합니다. 지금 당장 위의 질문을 읽고 현실에서 벗어나 여러분이 연봉 4천만 원을 받게 되었다는 상상을 실감나게 해보도록 합시다. 하루 여덟 시간을 허수아비처럼 매장에 서서 겨우겨우 받는 아르바이트 시급, 봉급이 많지 않은 것도 서러운데 실수라도 한번 하는 날에는 직장 상사들의 매서운 눈치를 봐야 하는 현실에서 잠시 벗어나봅시다. 어찌 되었든간에 내 통장에 매월 400만 원 혹은 그 이상의 금액이 찍히고, 그동안 열심히 일했으니 이제는 그 보상으로 내게 어떠한 선물을 해볼까 하는 기분 좋은 상상을 해보도록 합시다.

매달 빠듯하기만 한 월세를 얼마든지 해결할 수 있다는 생각, 사랑하는 자녀에게 선물을 해주고도 여유 자금이 충분히 남는다는 생각, 소중한 내 미래를 위해 유학자금을 모으는 데 그리 많은 시간이 걸리지 않을 거라는 생각, 몇 년 안에 사업을 일으키기 위한 종잣돈을 스스로 마련할 수 있다는 생각, 유명한 예술가나 디자이너로서의 실력을 쌓기 위해 필요한 학원비를 마련할 수 있다는 생각. 최소한의 준비 기간으로 연봉 4천만 원을 받을 수만 있다면 지금껏 꿈만 꾸어온 위와 같은 일들이 조만간 현실이 되어주지 않을까요?

어떻습니까? 데일 카네기의 말과 저의 질문 중 현실적으로 어느 쪽의 말이 더 와 닿으시나요? 진정 위대한 사람들의 말이 지금 당장 열심히 일할 수 있는 원동력이 되고 있나요, 아니면 주변의 아름답고 예쁜 것들이 여러분의 감정을 자극하여 최선을 다해 일할 수 있는 원동력이 되어주고 있나요?

요즘은 흔히 SNS를 통해 멋진 차, 아름다운 집, 괜찮은 사람들과의 인간관계, 그리고 너무나도 사랑스러운 이성친구까지 자랑하고 과시하고 뽐내는 세상입니다. 안타깝게도 많은 사람들이 마음속에서 원하는 것을 자신 있게 말하기보다는 스스로 억누르기에 바쁜 듯합니다. 아니, 또 어떻게 보면 그렇게 말하는 사람들을 멋대로 매도하는 것이 요즘 우리나라의 이기적인 사회풍조인 것 같기도 합니다.

언제까지 그렇게 속으로는 부러워하면서 겉으로는 아무 행동도 하지 않고 남들의 비위만 맞추며 살아야 하는 걸까요? 생각해보면 내가 그렇게 맞춰주고 튀지 않게 행동한다고 해서 그들이 내게 고생했다고 따듯한 말 한마디 건네주는 것도 아닌데 말이죠. 이는 단지 일부 개인에 국한되는 일이 아니라 대부분의 사람들이 공통적으로 겪고 있는 상황입니다. 아마도 이제껏 여러분이 부러워한 사람들은 애당초 부모님을 잘 만났거나, 아니면 일찍이 고정관념을 깨버리고 스스로 행동하여 자수성가한 사람일 가능성이 높습니다.

벌써 발간된 지 10여 년이 넘은 로버트 기요사키의 『부자 아빠 가난한 아빠』라는 책에서 공부 못해도 충분히 인생에서 성공할 수 있다는 가능성을 알려준 바 있지만, 아직까지 우리나라 현실에서는 이러한 고정관념을 스스로 깨버리지 못한 채 10년 이상을 변화하지 않고 행동하지 않는 사람들이 더 많습니다. 그리고 이러한 생각을 자녀들에게 대물림하고 그들마저도 비슷한 생각으로 끝까지 이러한 현실에서 벗어나지 못하도록 양육하는 사람들이 너무나 많은 것 같습니다.

지금까지 제가 쓴 글들에 공감하는 분이 계십니까? 만약 그렇다면 이제부터 무언가 자신의 가슴속에서 느끼는 변화의 신호를 더 이상 억누르지 마시기 바랍니다. 왜냐하면 그것이 여러분의 인생을 바꾸어줄 수 있는 원동력이 될 것이기 때문입니다. 아직도 주변 사람들의 말처럼 튀는 행동은 위험하다는 생각이 머릿속을 가득 채우고 있습니까? 그렇다면 앞에서 말씀드린 아름답고 예쁘고 반짝이는 것들은 여러분의 인생에 죽을 때까지 나타나지 않을 것입니다. 그것들은 결국 본인이 바뀌어야 찾아와줄 것이니까요.

현실로 돌아와 생각해봅시다. 2016년 대한민국의 아르바이트 최저임금은 5,580원입니다. 하루 여덟 시간을 간신히 일한다고 쳐도 하루 일당 44,640원. 그리고 한 달을 쉬지 않고 열심히 일한다고 쳐도 1,339,200원으로 자동차 한 대를 유지해나가기는커녕 생활비조차 빠듯한 금액입니다.

생각해보면 여러분의 가슴을 뛰게 하는 일들은 꽤 많은 비용을 요구하는데 정작 주머니 사정은 숨 쉬고 먹고사는 것만으로도 벅찬 실정입니다. 더욱 안타까운 사실은 이러한 것들을 누리기 위해 여러분의 젊음이 희생되고 있다는 것입니다. 어찌어찌해서 몇 년간 직장생활을 해나가다 보면 언젠가 연봉이 4천만 원 이상으로 올라갈 수도 있겠지만, 지나간 시간은 어떻게 보상받아야 할까요? 소위 '금수저', '은수저'라고 불리는 젊은 친구들은 멋진 외제차와 함께 어여쁘고 멋진 이성친구와의 만남을 대학생활에서 누리는 데 비해 당신은 그들보다 몇 년씩 뒤처져 그럴 형편이 된다고 생각하면 얼마나 답답하고 통탄스러울까요?

2016년 청년 실업률이 9.0%로 역대 최고치를 경신했습니다. 통계청이 발표한 자료에 의하면 이 수치는 1999년 IMF 외환위기 이후 최대치라고 합니다. 피부로 와 닿지만 않을 뿐 실질적으로는 그 심각성이 당시와 똑같다고 할 수 있겠습니다. 이러한 청년 실업의 원인으로는 경기 침체와 함께 정부 운영의 실패를 주장하는 사람들이 많지만 이러한 주장에 휩쓸려 똑같이 누구의 잘잘못만 따지고 있기에는 당장 먹고사는 문제가 발목을 잡습니다. 이에 필자는 취업자들 개개인의 문제를 해결하고, 무엇보다 20대에도 충분히 높은 연봉을 받을 수 있는 이유를 뒷받침하며 구체적으로 어떻게 해야 하는지에 대해 설명드리고자 이 책을 쓰게 되었습니다. 이 책을 통해 많은 사람들이 지금 겪고 있는 취업 문제에 대한 해결방안과 함께 청년 실업 문제를 해결하는 실마리를 찾게 되기를 바랍니다.

현실적으로 연봉 4천만 원이 되기 위해서는 대기업에 입사해서도 몇 년은 근무해야만 합니다. 하지만 앞서 말씀드린 것과 같이 그렇게 시간을 보내기에는 여러분의 청춘과 젊음이 너무나도 안타깝습니다. 이 책에서는 무엇보다 방법은커녕 정보도 얻을 수 없어 꿈을 꿀 수조차 없는 사람들에게 구체적인 방향을 제시해주고자 합니다.

'20대도 충분히 100일 만에 연봉 4천만 원을 만들 수 있다!'

이 책이 대한민국을 이끌어갈 젊은 청년들에게 좋은 기회가 되길 바랍니다.

진수현

CONTENTS

CHAPTER 1

스물_여섯 가난한 청춘, 부_자를 꿈_꾸다

"나는 나중에 반드시 부자가 되고 싶어!"
언제부터인가 부자 혹은 성공한 사람이 되는 것이
인생의 목표가 된 저는 그 당시 제 주변 사람들에게
이런 말을 참 많이 했던 것 같습니다.
그런 말을 얼마나 많이 했던지 어느새 제 주변
사람들 사이에서 제 별명은 '진재벌'이 되어 있었습니다.

Success Story

가난한 청년 시절, 가출을 감행하다

"아들아, 안 가면 안 되겠니?"

집을 떠나기 하루 전 어머니의 표정이 지금까지도 생생합니다. 벌써 8년이나 지났는데 아직도 여전히 그때 어머니의 얼굴이 제 머릿속에 남아 있는 것은 아마도 그때만큼 제 인생에서 굳은 각오를 한 적이 없었기 때문이겠지요.

"어머니, 내 인생을 바꾸고 싶어요. 그러기 위해선 이제 여기 있으면 안 될 것 같아요."

어머니의 걱정스러운 말에 그때의 저는 한 치의 망설임도 없이 이렇게 대답했던 것 같습니다. 그도 그럴 것이 이미 전날 밤에 그렇게 행동하기로 다짐했기 때문입니다. 사실 당시 저는 밤새 한숨도 잠을 자지 못했습니다. 내일이면 더 이상 고민하지 않고 움직여야만 나 자신이 달라질 것이라 믿었기 때문입니다.

2008년 3월의 어느 날, 6개월 뒤면 세계적인 글로벌 금융위기가 전개될 것을 미처 알지 못했던 저는 고작 100만 원을 들고 가출을 했습니다. 학벌도 좋지 않고 자격증이라고는 운전면허가 전부였던 제가 당시 가진 것이라고는 제 한 몸과 짐을 가득 채운 여행가방 두 개, 그리고 몇 달간 아르바이트를 하며 모은 100만 원이 든 통장 하나가 전부였습니다. 믿을 것이라고는 쥐뿔도 없었으면서 어떻게 그런 용기가 났는지 알 수 없었지만, 어쨌든 저는 분명 달라질 수 있을 거라는 실낱같은 희망 하나만 믿고 가출을 시도했습니다.

물론 어느 날 갑자기 달라져야겠다는 생각이 들어서 가출을 했던 것은 아니었습니다. 사실 저는 어릴 적부터 성공에 대한 꿈이 있었습니다. 많은 부를 동경했으며, 성공한 사람들이 어떻게 해서 그렇게 되었는지 너무나도 궁금했습니다. 아버지는 제가 공무원 아니면 평범한 회사원이 되기를 바라셨지만 항상 생활고에 시달리시는 부모님의 모습을 볼 때마다 그런 뻔하고 평범한 인생을 사는 것은 너무나도 답답할 것 같다는 생각이 들었습니다. 그에 비해, 제가 속물이라서 그럴 수도 있겠지만 TV에 나오는 소위 재벌들이나 부자들의 인생은 참으로 멋져 보였습니다.

"나는 나중에 반드시 부자가 되고 싶어!"

언제부터인가 부자 혹은 성공한 사람이 되는 것이 인생의 목표가 된 저는 그 당시 제 주변 사람들에게 이런 말을 참 많이 했던 것 같습니다. 구체적으로 어떤 계획이나 방법도 없었으면서 저는 잘도 그런 말을 떠벌리고 다녔습니다. 그런 말을 얼마나 많이 했던지 어느새 제 주변 사람들 사이에서 제 별명은 '진재벌'이 되어 있었습니다.

진재벌, 참으로 멋진 별명 아닙니까. 그렇게 불리는 것이 저는 아주 마음에 들었습니다. 주변 사람들, 특히 부모님은 저를 별난 놈이라고 생각했지만 저는 좋았습니다. 아니, 제가 볼 때에는 주변 사람들이 더 이상해 보였습니다. 어떤 이유에서인지 몰라도 사람들은 흔히 성공한 사람이나 소위 부자라고 불리는 사람을 보고 비꼬거나 뒤에서 욕하고, 심지어는 떳떳하지 못한 방법으로 부를 얻었을 것이라고 결론 지어버리기 일쑤였습니다. 저는 그들의 이야기를 들을 때면 항상 다른 생각을 했습니다.

'항상 돈이 부족해서 돈 문제로 싸우는 것보다는 적어도 돈 문제가 아닌 다른 문제들로 고민하는 것이 더 낫지 않을까?'

물론 지금도 이 생각에는 변함이 없습니다.

한 번 사는 인생, 적어도 돈 문제로 주변 사람들과 마찰을 빚는 일은 없었으면 하는 바람입니다. 부모님이나 자식과의 갈등 이유가 다른 것도 아니고 고작 돈 때문이라면 이 얼마나 서글픈 일인가요. 예를 들어 사랑하는 아이가 무언가 갖고 싶어 할 때 경제적인 여유는 있지만 아이의 버릇이 나빠질까봐 사주지 않는 것과 주머니 사정이 넉넉지 않아 사주지 못하는 것은 사정이 전혀 다릅니다.

어릴 적부터 제 주변에는 성공한 사람이 많지 않았습니다. 아니, 전혀 없었습니다. 단 한 명도. 아마 주변에 성공한 사람이 단 한 명이라도 있어서 저의 생각을 응원해주었다면 제 인생이 좀 더 달라지지 않았을까 싶습니다. 저는 보통 사람들의 틈바구니 속에서 저의 생각이 정답이라는 확신을 갖기가 정말 어려웠습니다.

'내가 헛된 망상에 사로잡혀 있는 것은 아닐까?'

'나는 그냥 이렇게 평범한 사람들 속에서 평범하게 살아야만 하는 것일까?'

이런 생각을 참 많이 했었습니다. 하지만 이렇게 생각하며 평범한 인생을 사는 것은 제 자신을 너무나도 힘들게 만들었습니다. 제 안에서는 내 생각이 옳다고 외치는데, 그저 주변 사람들의 평범한 생각에 동화되려 하는 제 모습이 너무 싫었습니다. 무엇보다 저를 가장 슬프게 했던 것은 결국 이러한 상황과 생각 속에서 아무것도 하지 못하는 저 자신이었습니다.

"나는 반드시 부자가 될 거야!"라고 늘 말했지만 어느 날 저를 스스로 돌이켜보았을 때 스물여섯 살의 제가 가진 것이라고는 고작 운전면허증 하나와 최근 몇 달 간 아르바이트를 해서 모은 100만 원이

전부였습니다. 그렇게 저는 부자가 되겠다고 다짐한 이후 8년 만에 제 현실을 깨달았습니다. 부자가 되겠다고 큰소리 쳐도 결국 현실의 저는 평범한 사람 그 이상도, 그 이하도 아니었던 것입니다. 냉정히 말해 전 재산 100만 원이 전부인 그저 그런 빈곤계층의 한 사람이었습니다.

물론 예나 지금이나 대한민국의 스물여섯 살 젊은이라면 가난하고 쪼들리는 것이 당연하겠지만, 부자가 되겠다고 다짐만 하고 여태 이룬 것이 아무것도 없다고 생각하니 문득 저 스스로에게, 그리고 모든 것에 대해 부끄러움이 느껴졌습니다. 무엇보다도 '진재벌'이라는 별명이 저 스스로에게 조롱의 의미로 다가왔습니다. 이 사실을 깨닫고 나서 저는 너무 창피했습니다. 더욱이 이제껏 해오던 아르바이트에서 잘리고 나서야 이를 깨달은 것이었습니다. 말로만 부자가 되겠다고 하고 실제로는 고작 월 40만 원을 받는 아르바이트생이었다는 사실이 돌이켜보니 너무 한심하게 느껴졌습니다.

'이제 어떻게 해야 하는 걸까, 나는 무엇을 해야만 하는 걸까?'

백수가 되어버린 저는 한동안 집 밖으로는 한 발자국도 나가지 않고 방구석에 틀어박혀서 한숨만 내쉬며 이런 생각에 잠겨 있었던 것 같습니다. 당장 다른 일자리를 찾아야 하는데 그러기는커녕 이제껏 마음속에 담아두었던 소망과 현실 사이에서 저울질만 하고 있었습니다.

'다른 일자리를 알아보아야 하는 걸까? 요즘 취업하기가 굉장히 힘들다는데…, 나는 학벌도 좋지 않고 게다가 아직 졸업도 안 했는데…, 그동안 아르바이트만 해봤는데…, 취업이 된다고 해도 직장인이 되는 것 말고는 달라지는 것도 없을 텐데…….'

그랬습니다. 그때의 저는 당장의 취업 문제를 해결하는 게 우선이 아니었습니다. 저는 빨리 부자가 되고 싶은데 일자리를 잃었다고 해서 다른 회사에 들어간다는 것도 결국엔 제가 원하는 답이 아니었습니다. 회사가 원하는 조건도 제대로 갖추지 못하는 주제에 저는 이런 저런 것들을 저울질하기에 바빴습니다. 한편으로는 우습기도 하지만 지금 생각해보면 나름 위대한 생각을 했었던 것 같습니다.

그렇게 2주간 식음을 전폐하다시피 하며 치열하게 고민을 하고 나서야 저는 제 미래에 대한 그림을 어느 정도 정리할 수 있었습니다. 제 문제에 대한 해답은 생각보다 심플했습니다. 실천! 움직여야 하는 것이었습니다. 오래 고민한다고 답을 찾을 수 있는 것도 아니었습니다. 더 이상 말로만 부자가 되겠다고 하는 것은 의미가 없다는 것을 깨달았습니다.

고민한 지 2주째에 저는 실천에 옮기기 위한 계획을 세울 수 있었습니다. 해답을 찾으니 계획은 몇 시간 만에 완성이 되었습니다. 첫 번째 실천안은 '당장 내 주변의 인간관계부터 정리하기'였습니다. 그리고 가난한 사람이 아닌 잘사는 사람, 그게 어렵다면 최소한 부자가 되겠다는 꿈을 가진 사람들로 채워야겠다는 생각을 했습니다. 지금 당장 일자리를 구해도 모자란 백수 주제에, 겨우 100만 원이 전 재산인 주제에 엉뚱한 생각을 한다고 여겨질 수도 있었지만 이는 그 당시 제가 찾아낸 가장 최상의 해답이었습니다. 그러기 위해 저는 그러한 사람들을 자주 만날 수 있는 곳에 살아야 한다고 생각했습니다.

두 번째 실천안은 '내가 원하는 환경 만들기'였습니다.

'그래, 서울로 가야 한다.'

분명 성공한 사람들은 강남에 많이 있다고 하니 지방을 떠나 반드시 서울의 강남에 가서 살아야겠다는 생각을 그 당시, 8년 전에 했었습니다.

결과적으로 말하자면 이 글을 쓰고 있는 지금 저는 그때 생각했던 서울의 강남에서 살고 있기는 합니다. 그때의 고민들도 상당 부분 해결이 되었습니다. 어찌 되었든 2008년 3월, 전 재산 100만 원을 들고 남들이 보기에는 계란으로 바위 치기 같아 보일 수도 있었던 가출을 감행하며 부자가 되고 싶다는 열망을 실현시키기 위한 저의 도전은 참으로 현명한 선택이지 않았나 싶습니다.

Success Story

해서는 안 되지만 돈은 많이 버는 직업?

오전 10시, 집을 나온 저는 후줄근한 차림으로 고속버스에 올랐습니다. 사실 구체적인 계획도 없었습니다. 우선은 서울을 가보고 싶었습니다. 최소한 서울 근처만이라도. 가능하면 서울에서 뭔가 시작해보고 싶었지만 그 당시 당분간이라도 제가 빌붙어 있을 만한 인맥은 전무한 상황이었습니다. 지금 고백하자니 참 부끄럽지만 스물여섯 살 청춘에게 서울 생활은 생각보다 가혹했습니다. 만약 누군가 세상이 결국 혼자 사는 것이라고 귀띔이라도 해주었더라면 마음이 조금은 편해질 수 있었을까요? 아무것도 없는 스물여섯 살에게 서울은 참으로 많은 조건들을 요구했습니다. 특히 그놈의 돈 말입니다. 서울의 집값은 이제 막 사회생활을 시작하려는 20대에게는 너무 높은 장벽이었습니다.

얼마 지나지 않아 저는 현실적으로 당장은 서울에서 살 수 없음을 알게 되었습니다. 수중에 돈도 별로 없었기에 저는 차선책을 선택해야 했습니다. 인생에서는 항상 차선책이 필요한 법입니다. 플랜 B 말입니다. 다행히 인천에 작은아버지께서 살고 계셨기에 독립하기 전까지만이라도 머물게 해달라고 부탁을 드려보기로 했습니다.

"작은아버지, 저 서울에서 독립하고 싶은데 신세 좀 져도 될까요?"

무작정 짐을 싸들고 찾아온 조카 녀석이 이렇게 말하니 기가 찼을 것입니다. 하지만 여태 이런 모습을 보인 적이 없었던 제가 오히려 대견스러웠는지 작은아버지는 저의 부탁을 선뜻 들어주셨습니다. 그날부터 저는 인천의 작은아버지 댁에 빌붙어 살며 서울에서 살려면 어떻게 해야 할지 고민하기 시작했습니다. 작은아버지께는 좀 죄송했지만 뒤를 돌아볼 시간이 없었습니다.

요즘 '금수저', '흙수저'라는 말을 흔히 하는데 안타깝게도 저는 전형적인 '흙수저'였습니다. 저는 저 스스로 서울에서 뿌리를 내리고자 마음먹었기에 노력이라는 것을 해야만 했습니다. 한편으로는 이런 결정을 해야 하는 현실이 서글퍼 세상을 원망하기도 했지만, 부자가 되겠노라고 큰소리만 쳤던 지난 8년간의 시간에서 벗어나야 한다는 생각으로 식음을 전폐했던 2주간의 고민들을 다시금 되새겼습니다.

'말로만 떠들면 부자가 되지 못한다.'

'고민할 시간에 실천을 해야 한다.'

저 스스로는 대단한 결심을 했지만 제 계획들은 생각보다 그리 대단한 것들이 아니었습니다.

'내가 성공할 수 있는 환경을 만들어야 한다. 그러기 위해서는 서울에 자리를 잡아야 한다. 먼저 돈이 있어야 하며 돈을 벌기 위해서는 직업이 있어야 한다.'

결국 흙수저인 제가 당장 실천해야 하는 것은 구직활동이었습니다. 작은아버지 댁에서 식객 노릇을 하기 시작한 다음 날부터 저는 생활정보지를 보거나 근처 PC방을 전전하면서 어떤 일을 해야 서울에서 정착할 돈을 마련할 수 있을지 방법을 고민했습니다.

'서울에서 숙소 지원이 되는 연예인 로드 매니저를 해볼까?', '그냥 아르바이트를 하루에 세 개씩 하면서 주야로 일만 하는 프리타가 되어볼까?', '예전에 하던 대로 만만한 음악학원 실장 아르바이트를 다시 할까?' 등등. 당장 할 수 있는 모든 것들을 나열해보며 여기저기 이력서를 넣어보았습니다. 아마 그때 일주일 동안 한 20군데쯤 되는 곳에 이력서를 넣었던 것 같습니다. 지금껏 살아온 시간들 중 가장 맘 졸이던 때가 아니었나 싶습니다. 하지만 세상은 마음을 졸인다고 해서 제가 원하는 대로 이루어지고 변하는 곳이 아니었습니다. 일주일이 지나도록 단 한 군데에서도 면접을 보러 오라는 연락조차 없었습니다. 저는 마음이 너무 아프고 슬펐습니다.

'날 써주는 곳이 단 한 군데도 없다니……. 아니, 그보다 만날 기회조차도 주지 않다니…….'

슬프고 너무 답답했지만 결국 저는 인정할 수밖에 없었습니다. 아무 연락이 없는 결과를 보며 스스로 인정해야만 했습니다. 왜냐하면 이력서에 적힌 저의 모습은 알아주는 대학을 졸업한 것도 아니고, 토익이니 토플 같은 것은 여태 관심도 없는 사람이라고 느껴지게끔 만들었기 때문입니다. 소위 스펙조차도 다른 이력서들과 경쟁 상대가 되지 않았습니다. 저조차도 제 이력서에 호감을 갖기 힘들었습니다. 저조차 면접을 보러 오라고 할 맘이 생기지 않는 이력서였습니다. 자기소개서는 제 나름대로 최선을 다해 화려한 미사어구도 많이 포함해서 꾸며 넣었지만 텅텅 비어 있는 자격증란이나 이력 부분은 어찌할 수가 없었습니다. 그렇다고 거짓말로 쓰는 것은 말도 안 되었고…….

상황은 이러했지만 저는 더 이상 물러서고 싶은 생각이 없었습니다. 당장 받아주는 곳이 있으면 우선 거기서부터 시작하겠노라 다짐했습니다. 그리고 다시 여기저기 이력서를 넣었습니다. 여러 취업정보사이트를 이 잡듯 뒤져가며 찾아보던 차에 눈에 띄는 문구가 하나 보였습니다.

〈월 소득 400만 원, 골프캐디〉

'뭐? 월 400만 원이나 된다고?'

놀라지 않을 수 없었습니다. 저는 제 눈을 의심했습니다. '세상에 이렇게 돈을 많이 버는 직업도 있단 말인가? 이게 정말이라면 도전해야겠다'는 생각이 들었습니다. 여태 이력서를 넣은 곳을 보면 많아봤자 월 250만 원이 최고였는데 월 400만 원이 가능하다니 고민할 시간이 없었습니다. 그 구인광고는 어느 골프캐디 소개소에서 올린 정보였습니다. '골프캐디가 그렇게 돈을 많은 버는 직업이었다니……. 그래, 어차피 전공도 포기한 상태이니 돈 많이 버는 직업이라면 영혼이라도 팔고 도전해보자!'라는 생각으로 골프캐디를 알아보기 시작했습니다.

작은아버지 댁에 식객으로 있은 지 일주일째 되던 날 골프캐디라는 직업을 알게 되었고, 단지 소득이 많다는 이유 하나만으로 저는 골프캐디에 대해 자세히 알아보려고 했습니다. 하지만 인터넷을 뒤져보니 생각보다 골프캐디라는 직업에 대한 평이 그리 좋지 않았습니다. '소득은 많지만 일이 쉽지 않다'는 것부터 시작해서 '체력이 좋아야 한다', '대접이 그리 좋지 않다'는 내용까지 있었습니다. 골프캐디를 실제로 해봤다고 하는 사람들의 평을 가만히 보면 캐디는 결코 해서는 안 되는 직업으로 비춰지고 있었습니다. 하나같이 좋지 못한 직업이라는 내용밖에 없었습니다. 그럼에도 불구하고 구인구직란에는 많은 소득을 보장하는 직업이라는 글이 올라와 있었으니 참으로 의아해할 수밖에 없는, 신비한 직업이었습니다.

'해서는 안 되지만 돈은 많이 버는 직업?'

그 당시 저에게 골프캐디는 이런 느낌으로 다가왔습니다. 물론 지금은 굉장히 고마운 직업이 되었지만 말입니다.

Success Story

진재벌의 고소득 골프캐디 도전기

골프캐디가 돈을 많이 벌 수 있다는 사실을 알게 된 이후로 저는 이 일을 해야겠다는 생각을 지울 수 없었습니다. 단지 그것뿐이었습니다.

'나는 혼자 독립해야 하니까! 나는 서울에서 살아가야 할 사람이니까! 나는 성공해야 할 사람이니까!'

하지만 저는 아직 아무것도 가진 것이 없으니 성공을 할 수 있는 환경도 만들어야 하고, 그런 환경을 만들기 위해서는 어느 정도의 돈도 필요했습니다. 다시 말해 성공을 하기 위한 하나의 디딤돌이 필요했습니다.

그동안 살아오며 보아온 주변 사람들처럼 혼자 150만 원 정도 벌어서 쓰거나 200만 원, 300만 원 벌어서 네 식구가 한 달 생활비로 쓰는 인생을 살고 싶지는 않았습니다. 1980년대, 1990년대 즈음에는 물가도 비싸지 않고 집값도 비싸지 않아서 그렇게 살 수 있었을지 몰라도 집값 마련조차 꿈이 되어버린 요즘 시대에 월 300만 원이라는 돈도 뭔가 해보기에는 턱없이 부족한 급여라는 생각이 들었습니다.

지금도 그렇지만 8년 전인 2008년도 역시 우리나라의 경제적 상황은 좋지 않았습니다. 제가 캐디가 되어서 돈을 벌기 시작한 8월 즈음에는 세계적인 금융위기가 터질 정도였으니 경제적으로 분위기가 좋을 리 만무했습니다. 어쨌든 저는 제가 뭔가 달라지지 않으면 돈 때문에 사랑하는 사람들과 날마다 으르렁대고 감정적으로 겨뤄야 하는 인생만 남아 있을 것 같은 예감이 들었습니다. 그래서 더더욱 골프캐디라는 직업에 끌렸는지도 모르겠습니다.

인터넷상에 떠도는 안 좋은 이야기들은 골프캐디에 대해 한발 물러나는 마음이 들게 하기도 했지만 제 목표를 생각하면 포기할 수 없었습니다. 여기저기 이력서를 보내도 연락 오는 곳이 단 한 군데도 없는 상황에 그런 것들에 겁을 집어먹고 있을 때가 아니었습니다. 앞으로 어떤 일이 닥칠지 모르겠지만 어쨌든 제게 남은 선택은 오직 하나밖에 없었습니다.

‘난 사회 경험도 적고, 창업을 할 여력도 안 되니 내 미래를 위해서라도 돈을 많이 버는 직업을 선택해야 한다.’

다른 선택을 할 여지가 없었습니다. 무조건 골프캐디를 해야겠다는 생각뿐이었습니다. 아니, 해야만 했습니다. 정말 구인광고처럼 소득이 그 정도가 될지 안 될지는 모르겠지만 계속 고민만 하고 있을 수는 없었습니다. 지금 당장 뭐라도 해야 하는 입장이었기에 저는 우선 실천해야만 했습니다.

사실 처음에는 저 역시도 월 소득이 400만 원이나 된다는 것에 믿음이 안 갔습니다. ‘어떻게 그럴 수가 있을까?’라는 생각을 지울 수 없었습니다. 경력이 없어도 처음부터 그런 금액을 받을 수 있다니, 한편으론 의심이 들어서 무턱대고 시작하기보다는 일단 도움을 받을 수 있는 곳을 찾아보기로 했습니다. 지금도 그렇지만 어찌된 영문인지 골프캐디에 대한 제대로 된 정보를 얻을 수 있는 곳은 전혀 없었습니다.

‘소득이 그렇게 많은 직업인데, 이런 멋진 직업에 대한 정보를 얻기가 쉽지 않다니!’

지금이야 필자가 골프캐디를 제대로 해보려는 분들을 위해 한국캐디사관학교를 설립하고 상담과 멘토링 시스템을 운영하고 있지만, 그 당시에는 오직 골프장의 구인광고와 그냥 골프장만 소개해주고 수수료를 받으려드는 소개소들의 광고만 있을 뿐이었습니다. 나중에 골프캐디가 된 이후 오랜 시간이 지나서 그 이유를 이해할 수 있었지만, 당시에는 찾다 찾다 결국 여러 캐디 관련 사이트를 전부 뒤져 그중 방명록에서 골프캐디에 대해 잘 알려준다는 평이 가장 많은 곳을 골라서 연락을 취했던 것 같습니다. 왜냐하면 저는 더 이상 실수하거나 실패해서는 안 되었기 때문입니다. 그리고 진짜 프로가 되기 위해서는 누구보다도 교육을 잘 받아야 한다는 생각이 있었습니다.

그렇게 저는 골프캐디가 많은 소득을 보장한다는 것을 알게 된 지 3일 만에 인천에 있는 한 골프캐디 학원을 찾았습니다. 실패하면 안 되었으며 교육을 받아야 제대로 할 수 있을 것이라 생각해 기꺼이 학원비를 투자했습니다. 저에게는 굉장히 소중한 자금이었지만 그래도 제대로 배워두는 것이 결국 제 자산이 될 거라는 생각이 들어 겁나고 두려운 와중에 그런 선택을했습니다.

지금 생각해보면 그 학원에서 그나마 골프캐디에 대한 기초적인 내용들을 배울 수 있어서 참 다행이었던 것 같습니다. 저는 거의 한 달 가까운 시간 동안 그곳에서 골프캐디에 대한 많은 것들을 배울 수 있었습니다. 교육은 실제 골프캐디가 되어서 활용할 수 있는 내용보다는 골프에 대한 기본적인 내용들이 주를 이루어서 실제 골프장에 입사하고 난 뒤에는 큰 도움이 안 되었지만, 그래도 아무것도 모른 채 골프장 캐디를 시작하는 것보다는 훨씬 나았던 것 같습니다.

조금이라도 뭔가 알고 있었기 때문에 아무것도 모르고 입사해서 방황하는 다른 초보들보다는 보다 빨리 이해하고 적응할 수 있었다고 생각합니다.

Success Story

20대의 나, 정말 월 400만 원 벌 수 있을까?

$

당초에는 한 달간만 작은아버지 댁에서 신세를 지려고 했으나 골프캐디 교육을 받느라 한 달을 더 신세지게 되었습니다. 그렇게 총 두 달 동안 학원을 다니며 치열하게 골프캐디에 관한 공부를 했습니다. 빨리 돈을 벌고 싶었지만 아직 골프캐디가 되려면 어떻게 해야 하는지도 잘 몰랐고, 무엇보다도 제가 선택한 일에서 실수나 실패를 하고 싶지가 않았습니다. 기왕이면 안전하게 사전 준비를 철저히 하고 싶었습니다.

3월에 가출을 한 저는 골프캐디가 되기 위해 5월이 되어서야 면접다운 면접을 볼 수 있었습니다. 그동안 수차례 이력서를 넣어도 연락

해오는 곳이 단 한 군데도 없었는데 캐디 교육이 끝난 이후에는 곧바로 면접을 볼 기회가 찾아왔습니다. 경기도에 위치한 골프장이었는데 그 면접을 보기 위해 난생처음 제 돈으로 정장도 맞추었습니다. 처음 사본 정장이라 지금 생각해보면 촌티도 많이 나고 마치 아버지의 것을 입은 듯 어색했지만 제 딴에는 최대한 신경 써서 면접을 보러 갔습니다.

당시 제가 다니던 학원 출신 20여 명이 한 명, 한 명 골프장 담당 직원과 면접을 보는 식이었는데 얼마나 떨렸는지 모릅니다. 아마 아무런 준비 없이 임했다면 한마디도 떼기 힘들었을 만큼 면접을 보는 일은 참 쉽지 않았습니다. 제가 선택했던 학원 출신들만 면접을 보러 온 것은 아니었습니다. 어디서 알고 왔는지 몰라도 개개인이 각자 골프장에 와서 면접을 보는 경우도 생각보다 많았습니다. 하지만 역시 그냥 온 사람들과 철저히 준비하고 온 사람들 사이에는 뭔가 차이가 있었습니다. 어떤 사람은 정장이 아닌 일반 후드티에 운동화를 신고 오기도 했고, 머리를 감지 않았는지 떡 진 머리를 하고서 온 사람도 있었습니다. 결과적으로 그런 사람들은 당연히 골프장에서 다시 볼 수 없었습니다.

'나 역시 아무것도 모르고 입사 준비를 했다면 저 사람들처럼 탈락의 고배를 마셨겠지?'라는 생각이 들었습니다. 아무리 골프캐디가 일반적인 직업과는 다르다지만 제가 느끼기에도 그런 복장은 분명

문제가 있어 보였습니다. 면접에 임하는 마인드 자체가 잘못되었던 것입니다. 그런 사람들은 골프캐디라는 직업을 무시하고 그냥 골프장에 와서 "합격만 시켜주십시오"라고 구걸하는 것이나 마찬가지였습니다. 골프장 면접장에는 의외로 이런 사람들이 많이 오는데 이들은 면접을 볼 것도 없이 바로 탈락입니다.

어쨌든 저는 처음 치른 골프장 면접에서 당당히 합격했습니다. 그리고 3일 뒤 번갯불에 콩 구워 먹듯 골프장에서의 생활이 곧바로 시작되었습니다. 골프장 마스터님이 면접에 합격했으니 최대한 빨리 들어오라고 하셨거든요.

앞으로 어떤 일이 일어날지 모르지만 저는 월 소득 400만 원이라는 목표가 조만간 달성될 것이라는 꿈에 부풀었습니다. 하지만 이것은 희망사항이었을 뿐 현실은 꽤나 험난했습니다.

"하늘은 스스로 돕는 자를 돕는다."

이 말을 믿으시나요? 저는 골프캐디가 되기 위한 경험을 하면서 이 말을 믿게 되었습니다. 제가 입사하기로 한 골프장은 캐디 교육생의 신분으로 교육을 받는 동안은 기숙사를 제공해주지 않았기 때문에 골프장 근처에서 묵을 곳을 찾아야 했습니다. 복지가 좋은 골프장들은 캐디 교육생들에게 기숙사를 제공해주기도 하지만 제가 입사하기로 했던 곳은 그렇지 못한 곳이었지요. 골프장 입사 3일이 남은 시점에 입사 동기들은 서너 명씩 짝을 지어 돈을 모아 골프장 근처에서 숙소를 구하기도 하고, 어떤 친구들은 모텔을 이용하기도 했습니다.

앞서 제가 "하늘은 스스로 돕는 자를 돕는다"는 말을 믿는다고 했지요? 당시 수중에 돈이 얼마 남지 않아서 숙소를 잡는 것이 고민이었는데 마침 운 좋게도 그 골프장 근처에 아주 먼 친척 분이 살고 계신 것이었습니다. 이 사실을 알고 저는 얼른 찾아가 간곡히 부탁했고, 제 의지가 엿보였는지 그 친척 분은 한 달가량 출퇴근할 수 있게 방을 내어주셨습니다. 정말 고마운 일이었습니다. 이제 남은 것은 노력하는 일뿐이었습니다.

세상은 답을 구하고자 하는 사람에게 해답을 제시해줍니다. 그때 그 친척 집에서 처음 하루를 보내면서 왠지 제가 서울에서 살겠다고 생각한 순간부터 이미 세상은 제가 살아갈 경로를 만들어준 것 같다는 생각이 들었습니다. 단지 제가 그 길을 몰라보고 믿지 않았을 뿐, 답을 구하기 위해 고민하고 구체적인 방법을 찾는 그 순간부터 헤쳐나갈 수 있는 길은 얼마든지 생긴다는 것을 알게 되었습니다.

첫 골프장 캐디 교육 전날 밤, 저는 이런저런 생각에 얼마나 잠을 설쳤는지 모릅니다.

'내가 잘해낼 수 있을까?'

'정말 한 달에 400만 원을 벌 수 있을까?'

이런 생각들이 머릿속에서 떠나질 않아서 자다 깨기를 반복했습니다. 결국 출근 시간은 새벽 6시인데 너무 긴장이 된 나머지 잠을 두 시간밖에 못 자고 부리나케 출근했던 기억이 아직도 선합니다.

Success Story

캐디 교육생이 되어 '영혼 없이 중얼거리기'

교육은 골프캐디 기숙사 회의실에서 이루어졌습니다. 저를 포함한 총 20명의 캐디 교육생들이 좁디좁은 회의실에 원을 그리고 빙 둘러앉아 앞으로 어떻게 될지에 대해 수다를 떨었습니다. 대부분 같은 학원에서 같은 교육을 받아온 사이인지라 그리 어색하지 않았습니다.

"내가 제일 열심히 해서 번호를 가장 빨리 받을 테다(캐디 교육을 마치고 정식 캐디가 되는 것을 번호표를 받는다고 표현합니다)!"라고 자신감을 보이는 동기도 있었고, "이제부터 우린 동료니까 한 명도 낙오하지 말고 20명 전부 정식 캐디가 되어보자"고 리드하는 형도 있었습니다. 그런데 저에겐 그들처럼 여유롭게 떠들 여유가 없었습니다. 제 머릿속은 온통 '혹시라도 여기서 낙오하면 다시 고향으로 내려가야 하나, 그건 정말 싫은데……'라는 생각으로 가득했습니다.

새벽 6시부터 오전 10시까지 그렇게 한참 동안 수다를 떨어도 우리를 교육해주실 캐디 마스터님은 나타나지 않았습니다. 그러다 오전 11시 무렵 마스터님이 드디어 모습을 드러냈습니다. 키는 크지 않았지만 어딘가 강단이 있어 보이는 여자 분이셨습니다.

"안녕하세요, 여러분. 우선 멘트 연습부터 할 거예요. 우리 골프장에는 홀마다 정해진 멘트들이 있어요. 이 프린트물 나눠줄 테니 일단 오늘부터 달달 외워서 내일까지는 전부 숙지할 수 있도록 하세요."

이렇게 말씀하시곤 프린트물을 나누어주셨습니다. 그러고 나서 다른 업무가 있는 듯 헐레벌떡 나가시는 게 아닌가요? 이유는 알 수 없었지만 군대에서 '까라면 까!'라는 마음으로 프린트물을 달달 외우기 시작했습니다. 다행히 이전에 알고 있던 내용이 있어서 익숙한 용어도 있었지만, 평소에 쓰지 않는 용어가 많아서 잘 외워지지 않았습니다. 특히 18개의 골프 코스마다 특징이 각각 다르다 보니 비슷비슷한 용어들이 헷갈리기도 했습니다. 골프장 교육이 있다고 해서 좀 더 구체적인 캐디 교육이 있을 줄 알았는데 이런 식의 교육이라니 의아했지만 어쩔 수 없었습니다. 저는 빨리 돈을 벌어야 하는 입장이었으니 말입니다.

골프장 입사 후 첫날부터 캐디로서 제대로 돈을 벌기 위해 제가 준비해야 할 것들은 너무나 많았습니다. 역시 세상은 무엇 하나 거저 주어지는 법이 없었습니다. 그나마 그 캐디 학원에서 골프에 대해 익혀둔 것이 천만다행이라고 생각했습니다.

오후 4시쯤 마스터님이 다시 등장했습니다.

"아까 나누어준 프린트물, 어디까지 외웠는지 확인하겠어요."

몇몇 동기 교육생들이 쭈뼛쭈뼛 손을 들었지만 30~40장이 넘는 그 많은 내용을 짧은 시간 안에 외우는 것은 말이 안 되었습니다. 그러한 상황 속에서 저는 당연히 손 한번 들지 못하고 그날의 교육을 마칠 수밖에 없었습니다.

"오늘 나눠드린 프린트물을 다 외운 사람이 없군요. 이 내용을 모두 숙지해야만 차후에 코스 교육과 동반 교육을 진행할 수 있어요. 내일부터는 각자 일일이 테스트를 봐서 여기 계시는 교육생 전부 합격해야 다음 교육으로 넘어갈 수 있으니 모두 숙지하도록 하세요! 그리고 내일도 우선 이 프린트물부터 숙지했는지 확인할 테니 집에 돌아가서 열심히 외워 오도록 하세요."

캐디 마스터님은 그렇게 30분간 교육생들이 프린트물을 다 외웠는지, 그렇지 않은지 파악하는 것을 끝으로 교육생들을 놓아주었습니다. 그나마 같이 입사한 동기들은 미리 골프에 대한 것들을 공부해와서 다행이었지만, 생각해보면 아무런 준비 없이 골프장에 입사한 사람들은 속된 말로 '멘붕'이 올 수밖에 없는 시간이었습니다. 왜냐하면 일반 사람들은 골프에서 쓰는 용어조차도 생소한 것들이 많으니까요.

골프장 생활 두 번째 날이 되었습니다. 첫날은 동기들이 20명이나 되었지만, 이제 겨우 둘째 날밖에 안 되었는데 벌써 세 명이 빠진 17명이 골프장에 출근했습니다. 아니, 출근이라기보다는 참석했다고 하는 편이 더 맞겠습니다. 골프장 캐디 교육기간에는 급여가 전혀 나오지 않기 때문에 아쉬울 것이 없는 캐디 교육생들의 인원은 교육이 진행되어 갈수록 차차 줄어듭니다. 말이 교육이지 시간 낭비 하는 식으로 진행이 되기 때문에 캐디 교육생들도 교육을 받는다는 느낌보다는 주어진 프린트물로 독학을 한다는 생각을 하게 되기 때문이지요.

총 17명의 교육생들이 참석한 가운데 첫날과 마찬가지로 마스터님은 11시가 되어서야 교육생들 앞에 나타났습니다. 교육생들의 참석 시간은 아침 8시여서 또다시 세 시간을 무의미하게 보내다가 첫날과 같은 방식으로 교육이 진행되었습니다. 그냥 무작정 외우는 것 말입니다!

"나눠준 프린트물, 잘 외우고 있죠? 저희 골프장 사장님께서 직접 멘트 테스트를 볼 수 있으니까 프린트물에 나온 그대로 외우도록 해야 합니다! 저희 사장님께서 워낙 깐깐하시니깐 말이죠."

캐디 교육생들은 이유도 모르고 교육 같지 않은 교육을 받으며 정식으로 캐디가 될 날만을 기다리면서 시간을 죽여야 했습니다. 이런 식으로 골프장 캐디 교육은 그저 달달 외우는 것, 그리고 골프장 코스 그림을 그려보는 것으로 끝이었습니다. 일주일 동안 매번 이렇게 기숙사 회의실에서 시간을 때우는 식으로 교육이 진행되었습니다. 그리고 마스터님은 간혹 오셔서 얼마나 외웠는지, 그리고 골프장 코스 그림을 얼마나 잘 그리는지 잠깐씩 확인하고는 다시 다른 업무를 보러 가셨습니다.

그렇게 일주일간의 캐디 교육은 프린트물에 나오는 그대로 외우는 것을 목표로 교육생들의 시간을 죽이는 느낌으로 지나갔습니다. 말이 교육이지 제대로 캐디를 하고자 하는 사람들을 그야말로 5~6시간 동안 방치하고 있는 것이었습니다. 처음에 캐디로 돈을 벌겠다고 큰소리 치고 다짐했던 20명의 동기들은 5일 만에 10명으로 줄어 있었습니다. 그리고 그렇게 남아 있는 10명도 날마다 흐리멍덩한 눈빛으로 손에 쥔 프린트물을 영혼 없이 중얼거리고 앉아 있을 뿐이었습니다. 저 역시도 마찬가지였지요. '이게 뭔가, 역시 쉬운 일은 없구나' 하는 생각이 들었습니다.

CHAPTER 2

스물여섯 청춘, 골프 캐디에 도전하다

세상 사람들은 젊은 사람들에게
"아직 젊으니까 좀 더 참아봐라",
"개구리가 더 높이 뛰기 위해 참는 것과 같이
지금은 더 투자하라"고 말하지만
결국 삶을 변화시키기 위해서는 자신이 원하는 바를 찾아서
행동하는 수밖에 없습니다.
자기 내면의 소리에 귀를 기울이고 달라질 수 있는
방법을 찾아 적극적으로 행동에 옮겨야
만족스러운 인생을 찾을 수 있습니다.

Success Story

과연 골프캐디가 인생의 전환점이 되어줄까?

이 책을 읽고 계신 여러분은 20대 청년인가요, 아니면 주부님이신가요? 지금 어떤 일을 하고 계신가요?

만약 나의 연봉을 한두 달 안에 4천만 원으로 올릴 수 있다면 어떤 기분이 들까요? 아니, 한국캐디사관학교의 초보 캐디 신기록과 같이 단 3주 만에 그렇게 될 수 있다면? 4천만 원, 어떤 이들은 그렇게 높은 연봉이 아니라고 생각할 수도 있지만 현실적으로 이는 대기업에 입사해서도 몇 년은 지나야 받을 수 있는 수준입니다. 중요한 것은 대기업에 입사하기 위해 피 튀기는 경쟁에 뛰어들어 살아남아야 한다는 것입니다. 힘들게 대기업에 입사해도 초봉은 2천만 원 선에서 정해집니다. 현실에서의 직장생활은 이렇습니다.

같은 연봉 4천만 원이라고 해도 지금 당장 그 금액을 받는 것과 몇 년이 지난 후에 그 금액을 받는 것은 체감하는 정도가 다를 수밖에 없습니다. 연봉 4천만 원을 달성하기 위해 젊음과 인생을 직장에만 투자하는 것도 낭비일 테니까 말이죠.

반대로 만약 젊은 시절에 연봉 4천만 원을 달성한다면 어떻게 될까요? 그 가치는 아마 젊은 시절에 그 정도의 소득을 누려본 사람만이 제대로 알 수 있을 것입니다. 20대가 가질 수 있는 직업 중에서 연봉 4천만 원이라는 소득을 누릴 수 있는 직업을 찾기 쉬울까요? 과연 그런 직업이 있기는 할까요? 젊은 시절의 시간을 회사에 투자하지 않고 한두 달 안에 연봉 4천만 원으로 만들 수 있는 그런 직업 말이죠. 있습니다! 바로 지금부터 자세히 알려드릴 골프캐디가 바로 그 모든 것을 가능하게 할 직업입니다.

골프캐디의 경우 입사 조건이 그리 까다롭지 않고 무엇보다도 경쟁이 그리 심하지 않은 편입니다. 아니, 오히려 골프캐디가 턱없이 부족해 전국의 500여 개가 넘는 골프장에서 거의 매일 골프캐디를 모집하는 글들을 쉽게 찾아볼 수 있습니다. 이러한 상황은 우리나라 골프장에서만 볼 수 있는 풍경입니다. 그 이유는 우리나라의 지리적 특성상 외국과는 골프장의 구조가 굉장히 다르기 때문이지요.

실제로 많은 소득과 더불어 낮은 취업 문턱이라는 장점을 활용해 인생의 전환점을 맞은 청년들이 많이 있습니다. 자신이 원하던 일을 찾아 직장에 들어갔지만 과도한 근로 시간에 비해 적은 소득에 만족하지 못하다가 골프캐디의 길을 선택하고 나서 삶의 만족도가 높아진 20대 사회초년생도 있습니다.

"골프캐디, 스물한 살 제 인생의 터닝 포인트가 되었어요."

어릴 적부터 부모님께서 하루도 편히 쉬지 못하고 날마다 일만 하시는 모습을 보면서 김수연 캐디님은 고등학교 졸업 후 대학에 진학하기보다는 곧바로 사회생활을 시작하기로 마음먹었다고 합니다. 하지만 자신의 의지와 별개로 세상은 그렇게 녹록하지 않는 법! 소위 말하는 좋은 학벌이 아니었기에 시작할 수 있는 일이 많지 않았다고 합니다. 그나마 그녀가 선택할 수 있었던 직업은 피부관리사. 아침 9시부터 밤 8시까지 샵을 찾는 손님들을 하루 종일 마사지하고 그녀가 받은 급여는 약 120만 원. 그렇다고 근무 여건이 만족스러운 것도 아니었다고 합니다.

그녀는 젊다는 것 하나만 믿고 그 일을 선택하긴 했지만 어느 날 문득 '과연 이런 일을 오래 한다고 해서 내 미래까지 달라질 수 있을까?'라는 생각이 들었답니다. 자신의 꿈과 목표를 위해 고생하는 것쯤은 참을 수 있지만, 한편으로 지금 당장 만족스럽지 못한 소득을 생각하니 서글프고 답답한 마음뿐이었답니다. 그러던 중 인터넷으로 '여자 돈 많이 버는 직업'이라고 검색해보다가 우연찮게 알게 된 골프캐디! 하지만 골프캐디라는 직업에 대해 믿을 만한 정보를 얻을 수가 없었던 그녀는 한국캐디사관학교의 문을 두드리게 되었습니다. 그곳에서 다른 데서는 하지 않는 골프캐디 세미나도 들어보고 본인에게 맞는 골프장을 선별해 입사한 결과 지금은 매달 270만 원씩 적금을 부을 정도로 여유가 생겼다고 하는데요. 현재 그녀의 목표는 스물세 살에 4천만 원가량 하는 전셋집을 얻는 것이라고 자랑스럽게 말합니다. 아마 골프캐디를 시작하지 않았다면 이 목표는 그저 꿈으로만 남았을지도 모르겠습니다.

또 1년 전 피부미용사를 할 때에는 돈이 없어 월급날이 되기 전까지 카드 포인트를 모아 점심에 편의점 김밥을 사먹으며 서글퍼했지만 지금은 포인트로 카카오톡 이모티콘을 사는 여유를 부리며 종종 재미있는 그림을 보내오기도 합니다. 김수연 캐디님의 변화된 모습을 보며 하루빨리 골프캐디라는 직업이 제대로 된 평가를 받았으면 좋겠다는 생각이 들었습니다.

많은 사회초년생들이 부푼 꿈을 안고 사회에 뛰어들지만 누구나 처음 자전거를 배울 때 많이 쓰러지고 넘어지는 것과 같이 세상의 쓴맛을 차차 경험하게 됩니다. 그리고 현실에 대해 알아가게 되지요. 누군가 세상에 대해 처음부터 잘 알려주면 좋으련만 그런 사람을 만나기란 쉽지 않습니다. 심지어 부모님마저도 세상에서 살아남는 방법을 제대로 알려주지 않지요. 자식들을 사랑하는 마음은 알겠지만 항상 욕심을 부리지 말라고 하거나 혹은 지금에 만족하라는 말만 되풀이하는 경우가 많습니다. 이 글을 쓰는 저 역시도 처음 골프캐디를 한다고 했을 때 부모님께서 얼마나 말리셨는지 모릅니다. 너무 큰 욕심을 부리다가는 훗날 좋지 않은 결과를 불러일으킬 수도 있다는 근거 없는 말을 듣기도 했지만 결론적으로 제가 욕심을 부리고 무언가 일을 추진했을 때의 만족감은 더욱 컸던 것 같습니다.

세상 사람들은 젊은 사람들에게 "아직 젊으니까 좀 더 참아봐라", "개구리가 더 높이 뛰기 위해 참는 것과 같이 지금은 더 투자하라"고 말하지만 결국 삶을 변화시키기 위해서는 자신이 원하는 바를 찾아서 행동하는 수밖에 없습니다. 단언컨대 저는 자기 내면의 소리에 귀를 기울이고 달라질 만한 방법을 찾아 적극적으로 행동에 옮겨야 만족스러운 인생을 찾을 수 있다고 주장하고 싶습니다.

Success Story

답 없는 청춘에게 다가온 골프캐디라는 직업

"올해는 취업해야지?"

"합격 소식은 나왔니?"

"좋은 데 들어가야지."

취업준비생이라면 아마도 주변 사람들에게서 이런 말을 많이 들을 것입니다. 주변에서 당신을 아끼고 걱정하는 마음에 하는 말이겠지만 사실 듣는 입장에서는 자주 듣다 보면 끔찍하고 괴로울 만큼 싫을 수도 있습니다. 이럴 때 그냥 회피해버리거나 방치하기보다는 '당장이라도 취업해서 이제껏 내 마음을 괴롭히던 사람들의 코를 납작하게 해주어야지'라고 다짐해보는 건 어떨까요?

안 그래도 취직하기 어려운 세상에 본인이 정해놓은 직장만을 고집하는 청년들도 많습니다. 물론 이러한 것을 무조건 나쁘다고 말할 수는 없습니다. 하지만 과거에 제가 제 주제를 모르고 수많은 회사들 가운데 한 곳을 선택하려고 했던 것과 마찬가지로 기업들도 많은 취업준비생들을 두고 '어떤 인재를 선발해야 우리 회사에 도움이 될 수 있을까?'를 저울질하고 있습니다. 그렇기 때문에 사실은 실무에 그다지 필요하지도 않은 이런저런 자격증이나 토익 점수 등을 요구하는 것이지요. 따라서 여러분이 그 회사에서 원하는 인재상에 부합했다면 당신은 벌써 취업에 성공했을지도 모릅니다. 만약 아직까지 취업에 성공하지 못했다면 한 번쯤 나 스스로를 되돌아보는 시간을 가져야 하지 않을까요? 나는 과연 취업을 하기 위해 해당 기업이 원하는 조건들을 모두 갖추었는지 점검해봐야 합니다.

사막 한가운데 있는 사람에게 보물의 위치가 확실하게 표시되어 있는 지도를 쥐어준다고 칩시다. 보물지도 말입니다! 그 사람은 당장 보물을 찾아 부자가 될 수 있을까요? 아마 보물을 찾아내기가 쉽지 않을 것입니다. 왜냐하면 지도상에서 자신의 위치가 어디쯤인지 알지 못하면 아무리 보물지도를 손에 쥐어준다고 한들 오랫동안 헤맬 테니까요. 이처럼 목표와 꿈도 중요하지만 그것을 이루기 위해서는 먼저 지금 내가 어떤 위치에 있는지부터 냉정하게 현실을 판단할 수 있어야 합니다.

많은 사회초년생들이 사회생활 역시 학창시절처럼 생각하면 된다고 오해하는 경향이 있습니다. 학창시절에는 가만히 자리에 앉아 공부하는 것이 미래에 대한 투자요, 자신의 가치를 올리는 일이었던 반면 사회생활은 그렇지 않습니다. 사회생활에서는 일이 곧 점수이고, 땀을 흘리는 것이 곧 성적표입니다. 환경이 바뀌었음에도 불구하고 많은 청년들이 학창시절에 하던 것처럼 공부라는 도피처를 찾아갑니다. 그리고 학창시절에 학습한 대로 시간이 지나면 자신이 정해놓은 수준에 언젠가는 도달할 것이라 믿고 착각합니다. 중학교에서 고등학교를 올라가는 것처럼 말이지요. 과연 사회에서 이러한 도피의 결과는 어떠할까요? 분명히 취업에 실패했다는 박탈감과 함께 먼지밖에 나오지 않는 빈털터리 주머니가 전부이지 않을까요? 사회에 나왔다면 이제 게임의 룰이 바뀌었다는 것부터 인지해야 합니다. 그래야 살아남을 수 있고 성공의 가능성도 주어집니다

"남자인데 골프캐디를 잘할 수 있을지 모르겠어요."

처음 만났을 때 이제 막 군대를 제대한 느낌을 물씬 풍기던 이광연 캐디님은 누가 보아도 대한민국의 평범한 청년이었습니다. 국방의 의무를 마친 지 얼마 안 되어 이제는 효도하고 봉사하며 살고 싶다며 운을 떼던 이광연 캐디님의 모습이 떠오릅니다. 하지만 누구나 게임의 룰을 명확히 알고 나면 달라질 수 있는 법. 그는 골프장에 입사한 지 17일, 단 3주 만에 정식 골프캐디가 되어 한국캐디사관학교

에서 가장 빠르게 골프캐디가 된 사례로 남았습니다. 무작정 뛰어든 것이 아니라 캐디업계의 룰을 익히고 노력한 결과 자신감을 갖고 앞으로 나아갈 수 있었던 것입니다. 그는 3년이 지난 지금도 골프캐디로서 성실히 근무하고 있습니다.

여전히 골프캐디에 대한 직업관이 일반인들에게 제대로 확립되지 않아 골프캐디를 해보려는 청년들이 많은 혼란을 겪고 있습니다. 청년 실업자들로 넘쳐나는 이 시대에 골프캐디는 과연 어떠한 희망이 되어줄 수 있을 것이며, 골프캐디에 대한 직업관이 제대로 확립되기 위한 열쇠는 과연 무엇일까요?

"골프캐디, 그거 그냥 짐꾼 역할 하는 것 아닌가요?"

사실 골프캐디라는 직업이 분명 높은 소득에 장점이 많은 직업임에도 불구하고 수많은 루머 속에 휩싸여 저평가 되어 있는 이유가 바로 여기에 있습니다. 예전부터 일반인들에게 골프캐디라는 직업은 항상 불명예스러운 이미지가 따라다녔습니다. '짐꾼', '하수인' 등이 골프캐디를 표현하는 대표적인 단어들이었습니다. 하지만 이러한 모욕에 가까운 단어들과 달리 실질적으로 골프캐디가 되기 위해서는 꽤나 험난한 과정들이 존재합니다.

제가 골프캐디를 시작할 적에만 해도 이광연 캐디님과 같이 단시간에 정식 캐디가 되는 것은 말이 되지 않는 것이었죠. 현직에 있는 골프캐디들은 이것이 기적과 같다는 것을 알고 있을 것입니다. 기본적으로 많은 소득에 이끌려 골프캐디를 꿈꾸다가도 막상 시작해보면 그렇게 만만치 않다는 것을 깨닫고 도피해버리는 경우가 많기 때문입니다. 쉽게 말해 골프캐디라는 직업은 누구나 쉽게 생각해볼 수 있는 직업이긴 하지만 막상 시작해보면 아무나 할 수 있는 직업은 아닌 것입니다.

중요한 것은 골프캐디가 과거에 비해 이제 일반적인 직장이나 여타 직업들보다 상대적으로 소득이 우월한 직업이 되었다는 것입니다. 당장 20대 중에서 골프캐디만큼 소득이 높은 직업을 찾기란 쉽지 않은 현실입니다. 저 역시도 성공의 발판을 마련하기 위해 이 일, 저 일 찾아보았지만 리스크 없이 이만한 소득을 꾸준히 달성할 수 있는 직업이 많지 않았습니다. 아니, 골프캐디뿐이었습니다. 월 평균 400~500만 원 이상씩 꼬박꼬박 벌고, 자신의 노력 여하에 따라 그 이상의 소득도 충분히 가능한 직업이 이것 말고 또 있을까요? 점차 소득의 양극화와 더불어 비정규직밖에 남지 않는 세상에서 이 시대의 청년들에게 남은 기회는 골프캐디뿐이라고 자부합니다.

Success Story

명문대를 나와도 취업하기 어려운 시대

"제가 고민도 많이 하고 어떻게든 전공도 살려보려고 했는데 잘 안 되더라고요. 그래서 전과도 해볼까 생각했는데 그것도 답이 안 보이고…, 결국 돈 많이 버는 캐디를 하는 게 낫겠다고 마음먹게 되었어요."

골프캐디가 되고 싶다며 찾아온 어느 대학졸업생이 내뱉은 말이었습니다. 저는 이 이야기를 듣고 놀랄 수밖에 없었습니다. 왜냐하면 이분이 졸업한 학교는 대한민국 사람이라면 누구나 알 법한 소위 '인 서울(=in 서울)'에 있었기 때문입니다. 불과 10년 전만 해도 우리나라에서 인 서울 졸업장만 있으면 취업은 따놓은 당상이라 할 수 있었는데, 이제는 그 말이 무색할 만큼 빛이 바래진 것을 실감할 수 있었습니다.

저는 제 귀를 의심하며 이분의 이야기를 더 듣기 위해 질문을 던졌습니다.

"아니, 그래도 인 서울 출신이면 다른 직업도 충분히 가질 수 있을 텐데 굳이 골프캐디를 하려는 이유가 무언가요?"

저의 질문에 이분께서는 덤덤하게 자신의 사정을 하나하나 이야기하기 시작했습니다.

"제가 목표한 꿈이 있어서 정말 노력해서 그 학교에 가긴 했는데 대학에 다니면서 현실이 보이더라고요. 저라고 꿈이 없었겠습니까? 제 전공을 살리려면 우선 반드시 해외 박사학위를 7년간 준비해야 해요. 그런데 그만큼 시간과 비용을 투자해도 초봉이 월 200만 원밖에 안 된다는 것을 알고 나서 이건 아니라는 생각이 들더라고요. 이런 제 상황보다도 더 중요한 문제가 있습니다. 바로 제 동생도 조만간 대학교 등록금을 준비해야 하거든요. 제가 여유가 있으면 좋으련만 그것도 아니고 집안 형편은 당연히 어렵고……. 그렇다 보니 제 대학원 등록금과 동생 대학교 등록금을 부담하는 것은 결국 저희 부모님 몫인데 더 이상 그렇게까지 부담을 드리는 게 도리가 아닌 것 같더라고요. 그래서 다른 길이 있을까 찾아보다가 골프캐디라는 직업을 선택하게 되었습니다."

의사의 꿈보다는 현실을 선택하려 한다던 이분은 얼마 전 뉴스에서 '연봉 5억이 넘는 사람이 이전보다 두 배 가까이 증가했지만, 연봉 2천만 원도 못 받는 사람은 더 많이 증가했다'는 소식을 접하고서 꿈도 좋지만 현실을 생각해보지 않을 수 없었다고 합니다. 요즘처럼 미래에 대한 불확실성이 갈수록 뚜렷해지는 세상에서 고정관념에 빠져 있기보다는 실리를 선택하고 싶다고 했습니다.

이분과 함께 한 시간가량을 이야기하면서 저 역시도 공감하고 수긍할 수밖에 없었습니다. 꿈을 이루기 위해 부담해야 하는 것들이 얼마나 감당이 안 됐으면, 오죽하면 자신의 소중한 꿈을 버렸을까요. 과거에는 대부분의 사람들이 안정적인 직장을 희망하고 직장생활만 해도 충분히 자신의 집을 마련하거나 어렵지 않게 결혼을 생각해볼 수 있었지만, 현재는 우리나라 경제 버블이 사그라든 지 오래되었고 소득의 양극화와 저금리 문제로 인해 이제는 명문대를 나와도 취업하기가 어려운 시대라는 것을 몸소 느끼고 있습니다.

저 역시 과거에 비슷한 고민 끝에 골프캐디를 하기로 결심했었지만 그로부터 시간이 많이 흐른 지금도 많은 취업준비생들이 무언가 뾰족한 해결책을 찾을 수 없다는 것이 매우 안타까울 따름입니다. 개인 한 명의 힘으로는 해결할 수 없는 저출산과 고령화 문제가 청년 실업 문제로 발전했다고 하는데요, 저 또한 이 어려운 세대를 살아가고 있는 사회구성원 중 한 사람으로서, 그리고 과거에 취업 문제로 우울증에 걸릴 만큼 근심과 걱정이 많았던 한 사람으로서 같이 고민하지 않을 수 없었습니다. 그렇게 많이 고민한 끝에 찾은 한 가지 질문은 '그래서 누가? 그리고 과연 어떻게 해결책을 제시하고 해결해 줄 수 있을까?' 하는 것이었습니다. 문제가 생겼다면 분명 그에 대한 해결책을 찾아야 하니까요.

과거 명문대 졸업장만 있으면 안정된 직장의 보증수표라는 말은 이제 옛말이 되어버렸습니다. 세상은 너무도 빠르게 변화하고 있습니다. 이렇듯 빠르게 변화하는 세상을 감지한 사람들은 더 많은 소득과 더 많은 시간을 가져가고 있는 반면, 그보다 더 많은 사람들이 세상의 변화조차 감지하지 못하고 원인도 알지 못한 채 어느덧 빈자의 주인공이 되어가고 있습니다.

매년 우리나라의 취업 문제에 대해 이런 말이 들립니다.

'올해는 작년보다 더 힘들 것이다.'

'올해 청년 실업률은 작년보다 더 높아졌다.'

'올해도 살기 힘들 것이다.'

아마 내년에도 분명히 같은 소식이 들릴 것입니다. 너무나도 우울한 소식입니다. 특히 이러한 현실 속에 있는 우리 20대 청년들에게 말입니다. 내년에도 똑같은 소식을 듣지 않으려면 이 문제의 해결방법을 찾아야 하지 않을까요? 무엇보다도 지금 당장 내 눈앞에 닥친 문제를 해결하기 위해 우리는 어떤 방법을 찾아야 할까요? 뒤엉켜서

도저히 풀 수 없을 것 같은 실타래를 그대로 두고 답답함 속에서 하루하루 무의미하게 보내기보다는 문제를 속 시원히 해결할 수만 있다면 당장이라도 실행에 옮기는 것이 바로 젊음의 패기 아닐까요?

누구에게나 단 한 번뿐인 인생입니다. 하지만 본인의 의지와는 상관없이 여러 가지 사회적인 요소로 인해 많은 청년들이 멋지게 비상할 기회마저 박탈당하고 있는 실정입니다. 취업문제로 심각하게 고민하고 있는 젊은 친구들이 참 많습니다. 기어이 명문대생들까지 이 문제에서 벗어날 수 없는 상황에까지 와 있습니다. 한 가지 아이러니한 것은 이런 문제로 그렇게 많은 사람들이 답답해하지만 결국 근본적인 원인은 자기 스스로에게 있다는 것을 잘 모른다는 것입니다. 바로 개개인이 가지고 있는 고정관념이 문제인 것입니다.

과거에 저 역시도 같은 문제로 고민했던 경험이 있는지라 이 문제에 대해 더 많은 사람들과 이야기하고 그들과 함께 고민을 나누어보고자 합니다. 그 이유는 골프캐디를 통해 인생의 반전을 꿈꾸는 분들을 많이 만나면서 과거 그 누구의 도움도 받을 수 없어 막막함 속에 하루하루 깊은 한숨으로 젊은 날을 보내던 저의 모습과 오버랩 되었기 때문입니다.

'세상에는 너무나도 멋지고 잘나가는 사람들이 많은데 남들에게 아쉬운 소리 하지 않고 나 스스로 당당하게 빛날 날을 나는 언제 만날 수 있을까?'라는 생각을 많이 하며 살았습니다. 결국 이렇게 제가 알고 있는 것을 남들에게 알려주는 것만으로 충분히 그렇게 될 수 있었음에도 불구하고, 항상 주저하는 마음과 오늘 할 일을 내일로 미뤄버리는 좋지 않은 습관들을 이겨내기가 힘들었습니다. 하지만 오랜 고민 끝에 더 이상 주저할 수만은 없다는 결정을 내렸습니다.

사실 제가 깨달은 생각들은 여러분도 조금만 더 노력하고 주의를 기울이면 충분히 알 수 있는 것들입니다. 명문대를 나와도 취업이 잘 되지 않는 시대에서, 이기심만 가득한 세상에서 더 나은 내가 되기 위한 디딤돌을 찾고 새로운 돌파구를 찾을 수 방법들이죠. 여러분은 이 책을 통해 저처럼 오랜 시간 고민하지 않게 되기를 바랍니다. 무엇보다도 결국 스스로 실천하고 움직이지 않으면 무용지물이 되고 만다는 사실을 명심했으면 좋겠습니다.

요즘 청춘들의 또 다른 이름, 달관 세대

불과 5년 전만 해도 '88만 원 세대', 또 '삼포족'이라는 말이 나오기 시작하더니 이제는 모든 것을 포기했다는 의미의 '달관 세대'라는 말까지 나왔습니다. '득도 세대'라고 하기도 하는데, 이 세대들의 특징은 자동차나 명품에 흥미가 없거나 필요 이상의 돈을 벌겠다는 의욕이 없는 것이라고 합니다.

양육 부담 때문에 출산을 포기하고, 내 집 마련에 대한 부담 때문에 결혼을 포기하고, 결혼비용 부담 때문에 연애를 포기하는 것은 아예 제대로 된 인간으로서의 삶을 포기하는 것이나 마찬가지입니다. '삼포 세대', 이처럼 삶을 포기한 세대라는 단어가 나온 것도 안타까운데 이를 뛰어넘어 '달관 세대'라는 말까지 나오다니요. 무언가 해답을 찾을 수 없어서 해탈하라는 듯한 느낌의 달관이라는 단어가 한 세대를 지칭하는 말로 사람들의 입에 오르내리는 것 자체가 너무나도 슬픈 현실입니다.

모든 것을 포기하겠다는 젊은 사람들에게 이제는 꿈이라는 것 자체가 사치가 되어버렸고, 당장 먹고사는 것도 급한 처지이기에 삶의 본질을 스스로 들여다볼 시간조차 갖기 힘든 상황입니다. 그렇기 때문에 취업을 해도, 연애를 해도, 결혼을 해도 여전히 고통스럽고 불안한 '악순환'이 지속되는 것 아닐까요? 어찌어찌해서 당장 하나의 문제를 해결해도 또 다른 문제에 봉착하고, 또다시 고민에 빠지게 됩니다.

사실 지금의 청년 취업난은 어제오늘 갑자기 반짝 생겨난 문제가 아니라 오랜 기간 조금도 해결되지 못한 채 벌써 10여 년 동안 지속되어오고 있습니다. 대기업 혹은 공기업에 들어가기 위해 죽기 살기로 노력하는 청년들이 굉장히 많습니다. 하지만 일단 취업에 성공한다 해도 자신의 적성에 대해 다시금 심각하게 고민하기도 하고, 취업에 성공하지 못한 청년들은 결국 이런저런 아르바이트를 전전하다가 부족한 소득에 실망하고 그에 대한 해결책으로 투잡, 쓰리잡을 하기도 합니다.

그렇다면 이 문제에 대한 본질적인 해결책을 생각해보지 않을 수 없습니다. 직업을 선택하는 데 있어서 가장 크게 영향을 미치는 것은 결국 소득입니다. 취업 문제로 헤매고 있는 '달관 세대'들이 원하는 것도 바로 이것일 겁니다. 소득이 보장되어야 양육에 대한 부담도 덜 수 있고 결혼을 꿈꿀 수 있으며, 이 시대의 젊은이들이 포기하려고 하는 연애의 달콤함도 맛볼 수 있는 것입니다. 결국 '달관 세대'라고 할 수 있는 지금의 청년들도 1차적으로는 취업하기가 쉽지 않고, 2차적으로는 취업을 해도 미래에 대한 답을 얻을 수 없어 방황하고 있는 것입니다.

지금 우리는 시간이 갈수록 점점 살기 어려워지는 세상에 살고 있습니다. 내년에도 분명 올해는 더 어려워질 전망이라는 뉴스를 접하게 될 것입니다. 결국 만족스럽지 못한 소득 때문에 범죄도 발생하는 것이고, OECD 국가 중 자살률 1위라는 불명예스러운 타이틀에서부터 '흙수저', '달관 세대'라는 말까지 나오고 있는 것입니다.

각종 매체를 통해 접한 소식들이 거짓말이라면 좋겠지만 가까운 주변만 둘러봐도, 패기를 부리고도 남을 젊은 청춘들이 비관과 달관으로 세상을 바라보는 모습을 쉽게 찾아볼 수 있습니다. 누군가는 이 문제의 본질적인 이유를 꼬집고 분석해 해결책을 제시해주어야 합니다. 물론 인생이란 결국 정답이 없고 스스로 해결해나가야 하지만, 인생의 답을 찾을 수 없어 꽃다운 젊은 날을 막막함과 불안감 속에서 살아갈 수밖에 없는 20대에게 분명 누군가는 나서서 답답한 인생길에 안내표지판을 세워주어야 합니다. 분명 작은 움직임이고 작은 생각일 수 있겠지만 세상은 이러한 작은 것에서부터 변화하기 시작합니다.

"한 번뿐인 인생, 잘 살고 싶어요!"

한국캐디사관학교를 찾는 분들이 공통적으로 하는 말입니다. 그리고 당연히 우리들은 모두 잘 살아야 합니다. 실패하는 인생을 살고 싶어 하는 사람은 없으니까요. 그렇기 때문에 인생의 대들보 역할을 하는 직업을 선택하는 일에 있어서 조금이라도 더 신중을 기해야 하는 것이고요.

불과 몇 년 전만 해도 "아프니까 청춘이다"라는 말이 유행한 적이 있습니다. 그야말로 '달관 세대'들을 위로해주는 말처럼 들릴 수 있겠지만 달리 생각해보면 이처럼 무책임한 말도 없는 것 같습니다. 아무리 따스한 위로라고 해도 현실의 답답함을 해결해주지는 못하니까 말이죠. 언 발에 오줌 누기 식으로 잠깐 기분 좋고 마는 위로보다는 이제 실질적인 해결책이 필요한 때이고, 무엇보다 청년 실업 문제를 적극적으로 해결해야 하는 때입니다. 물론 이러한 해결책도 결국은 준비하고 공부하고 노력하는 사람들에 한해 적용될 것입니다.

우리는 지금 너무나도 빠르게 변화하는 시대를 살아가고 있습니다. '달관 세대'라는 말이 이제는 남의 말이 될 수 있도록, "아프니까 청춘이다"라는 말이 이제는 "행복한 청춘이다!"가 될 수 있도록, 그리고 당장 내 발등에 떨어진 청년 실업 문제를 해결할 수 있도록 우리 모두 고정관념을 버리고 새로운 생각을 받아들일 필요가 있습니다.

Success Story

청년 실업 문제를 풀어줄 유일한 돌파구

누구에게나 일자리가 필요합니다. 일자리야말로 우리가 생존을 유지하는 결정적인 방법입니다. 따라서 누구나 평생 이 문제에 대한 고민을 하며 살아갑니다. 그런데 생각보다 많은 사람들이 소득 높은 직업보다는 남들이 알아보는 소위 어엿한 대기업이나 안정적인 직장을 선호하는 경향이 있습니다. 세상에 정답은 없기에 물론 나쁜 선택이라고 말할 수는 없겠지만 시간이 지남에 따라 쳇바퀴 돌아가는 듯한 무미건조한 직장생활의 타성에 젖어 불만을 토로하기 시작합니다.

배운 것이 도둑질이라고 무언가 다른 뾰족한 해결책을 찾지 못하는 경우 이 불만은 어느덧 소득에 대한 불만, 상사에 대한 불만, 자신이 회사에 기여하는 능력에 비해 적은 소득을 받고 있다고 생각하는 데서 오는 불만 등으로 발전하여 처음에는 어렵게 입사했을 회사에 대해 불만의 화살로 비난의 타깃을 회사로 돌리는 경우가 있습니다. 그렇게 불만이 쌓여가지만 한편으로는 '그래도 내가 일할 수 있는 곳은 여기밖에 없네'라는 생각으로 다음 날 아침이 되면 꾸역꾸역 출근을 하는 경우가 다반사지요. 저 역시도 과거에 이런 불만 속에서 일을 한 적이 있었습니다. 쳇바퀴 돌아가는 듯한 하루하루를 보내며…….

'오늘 참고 내일 참다 보면 언젠가는 상사나 관리자들이 알아주겠지', '묵묵히 오랫동안 근무하다 보면 급여도 분명 올려주겠지'라고 생각한 적이 있습니다. 하지만 그렇게 묵묵히 일하며 1년이 지나고, 2년이 지나도 제가 바라는 일들은 일어나지 않았지요. 오히려 저보다 평소 근무가 태만해도 상사들을 적당히 잘 구슬리고, 상사와의 술자리에 더 많은 에너지를 투자하는 친구들이 더 빨리 급여가 올라가거나 더 빠른 속도로 승진하는 모습을 보며 사회생활의 모순 같은 것을 많이 느낄 수 있었습니다. 그렇다고 해서 소득이라도 만족스러웠다면 그런 것쯤이야 충분히 감내할 수 있었겠지만 그런 것도 아니었습니다.

멀리 내다본다면 회사 내의 정치싸움에 의해 내 위치가 정해지고 그에 따라 내 소득이 정해지는 것이 아니라 내가 일한 만큼 소득이 들어오는 직업을 선택하는 것이 옳지 않을까요? 게다가 그 직업의 소득이 여타 직업들보다 월등히 많다면 어떨까요?

우리가 대학교를 졸업하려는 이유는 무엇일까요? 저는 여러분이 이에 대해 한 번쯤 심도 있게 생각해보시길 바랍니다. 대부분 부모님이나 주변 사람들이 대학을 가야 좋다고 말하니까 당연히 가야 한다고 생각합니다. 하지만 구체적으로 대학이 왜 좋은지는 알지 못합니다. 한 번쯤 구체적으로 대학이 왜 좋은 것인지 물어본 적 있으신가요? 저는 어릴 적에 많은 사람들에게 이 질문을 던져봤지만 만족할 만한 답변을 주는 사람은 흔치 않았습니다. 흔히 "대학을 나오면 좋다!"라고만 하는 경우가 많았죠. 보통 답변을 구하면 딱 여기까지만 말합니다. 구체적으로 왜 좋은지에 대해서는 더 이상 말을 안 해줍니다. 아마 몰라서 못해준다는 것이 더 맞는 표현이겠죠?

우리나라의 대학교는 좋은 인재를 만들고 그 인재를 좋은 기업으로 보내기 위해 존재한다고 할 수 있습니다. 그렇기 때문에 우리 부모님들은 항상 대학교를 졸업해야 한다는 생각을 가지고 자녀들을 양육하는 것이죠. 과거에는 이것이 맞는 말이었을지 모르겠지만 어느덧 20년이 지난 지금의 실정에서 이러한 생각은 이제 낡은 것이 되어버린 것 같습니다. 요즘은 아무리 명문대를 나와도 취업이라는 것이 보장되지 않으니까 말이죠. 심지어 개중에는 명문대 졸업생을 꺼리는 기업도 있어서 학력을 감추고 이력서를 제출하는 취업준비생들도 생기는 것을 보면 이제 과거에 생각하던 대학교의 역할은 더 이상 의미가 없어진 것이 아닌가 생각합니다. 쉽게 말해 요즘 대학교들은 인재와 기업들을 이어주는 연결고리 역할을 제대로 못하고 있는 것입니다. 결국 우리나라의 청년 실업 문제를 해결하기 위해서는 이러한 것들을 포용할 수 있는 해결책이 나와야 할 것입니다.

먼저 많은 소득이 보장되고, 단기간이 아닌 오랫동안 근무할 수 있는 직업이 많아져야 합니다. 그리고 무엇보다도 회사의 입장에 근거해 개인이 근무 환경을 어느 정도 조절할 수 있는 자율성도 가지고 있어야 하겠지요. 또 대부분의 회사들이 요구하는 자격증이나 높은 스펙들도 많은 취업준비생들의 입장을 고려해 문턱을 너무 높이지 않아야 할 것입니다. 이 모든 조건들을 만족시키는 직업이 있다면 한 번쯤 도전해볼 만하지 않을까요? 갈수록 심각해지는 청년 실업 문제를 해결하기 위해 여러 가지 정부 정책이 시행되고 있지만 만약 그러한 것들이 정말 효과가 있었다면 매년 발표되는 청년 실업률은 반드시 줄어들어야 하겠지만 결과적으로 전혀 그렇지 못하고 있습니다.

어떤 사람들은 자신의 문제를 스스로 해결하고자 하기보다는 도전할 수 있는 환경이 만들어질 때까지 기다리곤 합니다. 하지만 세상은 그런 사람에게 절대로 기회를 주지 않지요. 지금 이 시대의 심각한 청년 실업 문제 역시도 마찬가지라고 생각합니다. 많은 청년들이 무언가 새로운 대책이 나오길 기대하고 대책이 나오면 그제야 자신의 문제를 해결해보겠노라고 말하지만, 스스로 행동하지 않으면 이러한 변화는 결코 찾아오지 않을 것입니다. 다시 말해 지금의 심각한 청년 실업 문제를 해결하기 위해서는 결국 개개인이 생각을 바꾸고 스스로 움직여야 하는 것입니다.

사회적으로 심각한 취업 문제와 함께 개인적으로 당장 취업 문제로 밤잠을 설치는 분들에게 골프캐디라는 직업이 새로운 길을 열어줄 수 있을지도 모릅니다.

"골프캐디, 그거 이상한 직업 아니야?"

이런 생각을 하시는 분들도 분명 있을 겁니다. 하지만 골프캐디라는 직업은 그 어떤 직업보다도 장점이 월등히 많다고 장담할 수 있습니다. '특수고용직'으로 분류되는 골프캐디라는 특수한 직업이 반드시 우리나라의 청년 실업 문제를 해결해주는 돌파구가 되어줄 것입니다. 이제부터라도 반드시 골프캐디라는 직업이 제대로 된 평가를 받아야 할 때라고 생각합니다.

골프캐디의
장단점 파헤치기

세상에 완벽한 것이란 있을 수 없는 것처럼 골프캐디라는 직업도 장점과 단점을 동시에 가지고 있습니다. 그렇다면 이 책을 통해 여러분들이 궁금해하는 골프캐디의 장단점을 간단하게 알아볼까 합니다. 먼저 장점은 크게 다섯 가지로 나눌 수 있습니다.

첫째, 또래보다 월등히 나은 소득이 보장됩니다. 사회생활을 좀 해본 사람들은 알겠지만 소득 높은 직업을 가질 수 있는 기회가 그리 많지 않은 현실입니다. 그에 반해 골프캐디는 20대의 평범한 사람들이 도전하기에 문턱도 높지 않으면서 무엇보다 여느 전문직만큼 소득이 가능한 직업이지요.

둘째, 근무 시간이 그리 길지 않으며 야근이라는 것도 전혀 없어서 퇴근 후 시간은 온전히 개인 시간으로 활용할 수 있습니다. 보통 하루 1라운드를 근무할 경우 4~5시간만 일하고 그 이 외 업무에 필요한 시간을 제외해도 하루 반나절 이상 남는 경우가 많습니다. 오전

6시에 출근을 했다면 보통 오후 1시에는 일이 끝나고 오후 1시에 출근을 할 경우에는 오전 시간을 온전히 쉬고도 저녁 6시 이후부터는 또다시 자기 시간을 가질 수 있는 것입니다.

셋째, 내성적인 성격을 바꾸는 데 골프캐디만 한 직업이 없다고 생각합니다. 그 이유는 날마다 새로운 사람들을 만나는 직업이기 때문이죠. 처음 캐디를 시작했을 때 소극적이고 말주변이 없던 사람도 경력이 쌓일수록 차차 말발이 늘어가므로 내성적인 성격을 바꾸는 데 이것만큼 좋은 직업은 없습니다.

넷째, 건강과 다이어트 효과를 볼 수 있습니다. 많은 사람들이 골프캐디를 하면 건강이 쉽게 상한다고 오해하는데 실상은 오히려 몸이 더 건강해집니다. 아침에 일찍 일어나는 습관과 무조건 하루 5시간은 운동할 수 있는 기회가 주어지니까요.

다섯째, 골프를 접하고 칠 수 있는 기회가 많습니다. 만약 제가 캐디를 시작하지 않았다면 골프를 칠 수 있었을까요? 일반적으로 골프를 제대로 배우기 위해서는 약 1억 원가량의 비용이 든다고 합니다. 하지만 캐디를 하게 되면 골프를 배울 수 있는 환경이 잘 조성되어 있다 보니 속된 말로 1억 원을 세이브 할 수 있는 효과도 있습니다. 골프를 치기 위해서는 일반인들이 감당하기 어려울 만큼 비싼 비용이 필요하지만 캐디는 골프와 골프장을 접하기 쉬운 직업이다 보니 일부 캐디들은 열심히 일하고 남는 시간에는 골프에 매진하여 프로골프선수가 되는 경우도 있습니다.

지금까지 간단하게 골프캐디의 장점에 대해 알아보았습니다. 그렇다면 이제 단점에는 어떠한 것들이 있는지 살펴보겠습니다.

첫째, 캐디들은 주말이 아닌 평일이 휴일입니다. 골프를 즐기러 오는 사람들이 휴일이나 주말을 주로 이용하기 때문입니다. 골프캐디들은 이렇게 골프를 즐기러 오는 사람들을 서비스해야 하다 보니 주말과 평일의 개념이 일반적인 사람들과 다릅니다. 보통 사람들이 일하는 날이 캐디들에게는 쉬는 날이며, 그들이 쉬는 날이 캐디들에게는 근무하는 날이지요. 모든 캐디들이 다 이런 것은 아니지만 대체로 이렇다고 볼 수 있습니다.

예외적인 경우로 다음과 같이 개개인의 사정을 고려해 휴일을 편성하기도 합니다.

» 평일에 다른 일을 하는 캐디들을 위한 '주말반'

» 육아에도 신경 써야 하는 주부 캐디들을 위한 '마미반'

» 열심히 일해서 많은 소득을 올리고자 하는 캐디들을 위한 '전투조'

» 여유로운 삶을 추구하는 캐디들을 위한 '원대기반'

둘째, 사람들의 불편한 시선을 감내해야 할 때가 있습니다. 그나마 과거보다 많이 나아지긴 했지만 우리나라의 특성상 아직도 많은 사람들이 골프캐디라는 직업을 좋지 않은 시선으로 바라보는 경향이 있습니다. 이는 하루빨리 개선이 되어야 할 사항입니다. 다시 한 번 말씀드리지만 골프캐디의 실체는 나쁜 짓을 해서 돈을 버는 직업이 아닙니다. 직업의 특징이 여느 직업들과 다르고, 또 캐디라는 직업에 대해 구체적으로 알려진 바가 없어서 그러한 오해가 생겼을 뿐 실제로 골프캐디가 되어보면 장점이 더 많다는 사실을 알게 될 것입니다.

일반 사람들의 이러한 인식 때문에 현직 캐디들은 아예 자신이 캐디라는 것을 숨기고 다른 일을 한다고 말하기도 합니다. 굳이 나서서 이상한 직업이 아니라고 둘러대기보다는 거짓말 한 번 하는 것이 자신을 대변하기 훨씬 편하기 때문에 그런 것이겠죠? 저는 골프캐디를 자신의 인생을 위해 열심히 뛰는 숭고한 직업이라고 생각하기 때문에 한시라도 빨리 이러한 인식들이 변했으면 좋겠습니다.

셋째, 피부가 햇볕에 자주 노출되는 편입니다. 야외에서 장시간 근무하는 직업이다 보니 피부 관리에 반드시 신경을 써야만 합니다. 피부 관리를 소홀히 했다가는 아마 일주일 안에 아프리카 흑인처럼 될지도 모릅니다. 장난스럽게 표현했지만 골프캐디가 된다면 피부 관리에 돈을 아끼지 말고 투자해야 합니다. 피부도 타고 땀도 많이 나기 때문에 소중한 내 피부를 뽀송뽀송하게 관리하는 데만큼은 그 어떤 것과도 타협하지 말고 투자하도록 해야 합니다.

이외에도 생각할 것들이 많지만 골프캐디의 장단점은 크게 이 정도라고 생각하시면 됩니다. 특히 오해로 인한 루머들이 많을 뿐 단점은 그다지 많지 않으니 골프캐디가 되기를 희망하는 이들을 위해서라도 사람들의 인식이 하루빨리 개선되었으면 합니다.

Success Story

방황하는 20대를 붙잡아줄 최고의 직업

"일과 삶의 균형을 위해 해외 취업을 선택하게 되었어요."

얼마 전 뉴스를 통해 '해외로 취업을 하러 떠나는 청년들'의 소식을 접했습니다. 구체적으로 일과 삶의 균형이 무엇을 말하는 것인지 묻는 질문에 "3년간 디자이너로 일하면서 야근이 너무 많아 개인 시간을 갖기가 쉽지 않았다"고 대답하는 것을 보았습니다. 이 뉴스를 보며 실제로 우리나라처럼 야근이 많은 곳도 없다는 사실에 크게 공감했습니다. 통계적으로 보아도 우리나라는 OECD국가 중에서 연간 노동시간이 가장 많다고 하니까요.

우리나라는 선진국에 비해 근로자들을 위한 복지가 상당히 취약

한 편입니다. 현실적으로 넉넉한 소득과 더불어 근로자들에게 충분한 휴식시간과 자기계발을 할 시간을 할애해주는 직업이 많지 않은 것이 사실입니다. 그래서 소득을 올리면서 일과 삶의 균형을 찾기 위해 해외로 눈을 돌리는 사람들이 많은가봅니다. 하지만 정말 개인의 일과 삶의 균형을 이룰 수 있는 직업이 꼭 해외에만 있을까요? 그렇지 않습니다. 골프캐디라는 직업이야말로 야근이란 것이 전혀 없고 상사의 눈치를 보지 않아도 되며, 무엇보다도 만족할 만한 소득을 거둘 수 있는 최고의 직업이라고 할 수 있습니다.

"돈을 많이 버는 직업이라고 듣긴 했는데 정보를 얻기가 쉽지 않아서요."

"좀 생소한 직업이라서요……."

"캐디, 너무 힘든 일 아닌가요?"

사실 골프캐디는 직업의 특성상 이런 식으로 언급되며 아주 오래전부터 장점보다는 단점이 부각되어왔습니다. 그 이유는 골프의 주인공이 캐디가 아니라 당연히 골퍼니까요. 주연을 빛나게 하기 위해 조연은 이런저런 고생을 하기도 하며, 주연이 해서는 안 되는 험한 역할 역시도 해낼 수 있어야 합니다. 이러한 위치에 있는 직업이다 보니 아마도 오랫동안 장점이 노출되지 못했던 것일 수도 있습니다.

저 또한 처음에는 소득이 많다는 이유로 골프캐디를 해보고자 마음먹었지만 좋지 않은 루머들을 걱정하지 않을 수가 없었습니다. 하지만 지금 돌이켜보면 골프캐디라는 직업은 오랜 시간 동안 그 누구도 나서서 제대로 평가해주는 사람이 없었으며, 어쩌면 지금의 청년 실업 문제를 해소해주는 해결사가 되기 위해 그렇게 오랫동안 잠자코 있었는지도 모르겠습니다. 지금과 같은 상황에서 골프캐디는 소득의 보장과 함께 개인 시간도 충분히 보장해줄 수 있는 훌륭한 직업이라고 생각합니다.

골프캐디는 자신이 원하면 근무 시간도 조절할 수가 있습니다. 그래서 경제적인 안정을 찾으면서 자신이 꿈꾸는 목표를 위해 공부를 하거나 여타 많은 경험을 해볼 수가 있지요. 분명히 골프캐디는 그 실마리를 쥐고 있습니다. 항상 야근에 시달리다 지쳐 집에 돌아오면 얼마 되지 않는 내 시간을 아까워하면서도 당장 내일 아침 출근하기 위해 잠자리에 들어야 하는 것이 직장인들의 일반적인 모습 아닌가요? 회사에 얽매이지 않고 내 인생을 찾겠다고 결심해도 결국 자신에게 투자할 돈이 얼마 되지 않는다는 것을 깨닫고 다시 직장생활이나 열심히 해야겠다고 다짐하게 되지는 않던가요?

세상에는 무수히 많은 직업이 있고 각자의 취향과 적성에 따라 선호하는 분야도 제각기 다릅니다. 하지만 오랫동안 청년 실업 문제가 해결될 기미가 보이지 않는 가운데 소득도 충분하고 근무 시간 이외의 개인 시간도 보장되는 직업은 많지 않습니다. 청년들도 젊다는 이유 하나만으로 낮은 소득에 만족하며 아르바이트나 일용직과 같은,

자신의 미래에 도움이 되지 않는 직장을 전전하는 것은 옳지 않습니다. 저도 젊은 시절 한 달에 고작 40만 원 정도를 받으며 아르바이트를 해본 적이 있습니다. 그때 적은 소득에 만족하며 그 일을 계속하면 나 자신의 앞날에도 좋지 않는 영향을 줄 거라는 사실을 깨달았습니다. 누구나 하루하루 바쁘게 열심히 살아갑니다. 그러다 잠시 멈추어 앞으로 나아가야 할 방향에 대해 생각해보는 때가 왔을 때 무엇보다도 나의 소득 수준부터 점검해보아야 합니다.

세상은 분명 노력하는 만큼 더 잘되고 인생에 대한 만족도도 올라갑니다. 만약 아무리 노력해도 도무지 만족할 수가 없다면 당신은 지금 잘못된 방향으로 노력 중인 것입니다. 우리들의 인생은 분명히 더 잘될 수 있습니다. 그리고 우리는 행복이라는 것을 느껴야 합니다. 그러기 위해서는 젊은 시절부터 많은 소득을 누리는 경험을 해봐야 합니다. 성취감도, 일에 대한 보람도 중요하지만 좋은 것들을 누리며 얻는 소소한 감정들도 행복을 안겨주기에 충분합니다. 그러므로 미래에 보다 나은 자신을 만나기 위해서는 당연히 나의 소득이 어느 정도인지 따져보는 시간을 가져볼 필요가 있습니다.

큰 꿈을 가진 사람일수록 현재의 자신을 돌아보고 부족한 것들을 보완하거나 장점들을 더 개발하는 선택과 집중의 시간을 갖는다고 합니다. 따라서 한 살이라도 젊을 때 높은 소득을 경험해보는 것이 중요합니다. 그런 점에서 골프캐디라는 직업은 특히 젊은 친구들에게 충분히 성공의 디딤돌이 될 수 있는 직업임에 틀림없습니다. 가장 큰 이유는 골프캐디 같은 경우 지금의 취업전쟁과는 무관하게 지원하는 사람의 출신 학교를 보지 않고, 높은 스펙도 요구하지 않으며 오직 캐디로서의 직업 능력만을 보고 곧바로 연봉 4천만 원의 소득을 보장해주는 직업이기 때문이지요.

"에이, 20대에 연봉 4천만 원 받기가 쉽나! 그런 직업이 어디 있나요?"라고 생각할 수도 있겠지만, 골프캐디는 앞서 말씀드린 것처럼 '특수고용직'이라는 타이틀답게 여느 직업들과는 상당히 다릅니다. 다행스럽게도 충분히 높은 소득이 가능한 직업이기에 무언가 인생의 새로운 전환점을 찾고자 한다면 다른 직업들과는 차별화된 새로운 관점으로 골프캐디를 바라보았으면 좋겠습니다.

Success Story

골프캐디?
돈도 벌고 다이어트도 된다

$

"돈을 벌면서 다이어트도 한다고? 그런 게 어디 있어?"

직업을 선택할 때 소득과 근무 여건 이외에 다이어트도 고려해볼 수 있는 직업이 있을까요? 아마 그런 직업은 흔치 않을 것입니다.

다이어트를 하려고 마음먹었을 때 우리는 특히 어떤 어려움을 겪을까요? 규칙적인 운동과 견디기 어려운 식단 관리, 비용, 그리고 무엇보다도 정말 지키기 어려운 생활습관까지, 다이어트를 하기 위해 고려해야 할 것들은 한둘이 아니죠. 좀 여유가 있는 사람들은 생활습관을 바로잡기 위해 개인 트레이너와 함께 운동 계획을 세우고 실천하기도 합니다. 이렇듯 다이어트는 많은 노력과 꼭 성공하고 말겠다는 의지가 있어야 가능합니다.

사실 평범한 사람들이 자신의 의지를 불태우며 다이어트에 성공하기란 쉽지 않습니다. 그런데 만약 어쩔 수 없이 시간을 들여 강제적으로 하지도 않고, 돈을 쓰면서 하는 것이 아니라 돈을 벌면서 할 수 있는 다이어트 방법이 있다면 어떨까요? 게다가 그렇게 버는 소득이 보통의 직장인들보다 더 많다면?

한국캐디사관학교를 운영하며 알게 된 한 가지 사실은, 골프캐디를 처음 시작한 사람들이 그 일에 잘 적응하고 정식 캐디가 된 후 오랜만에 만나보면 공통적으로 예전보다 더 날씬하고 보다 세련된 외모로 변해 있다는 것입니다. 골프캐디로 소득도 늘리고 다이어트에도 성공하는 일석이조의 효과를 얻은 것이죠.

"왜 이런 좋은 직업을 이제 알았나 싶어요!"

한국골프사관학교 출신의 김소영 캐디님이 골프캐디를 시작하고 3개월 만에 천만 원을 저축했다며 자랑하듯 이야기하던 기억이 납니다. 지금은 본인이 원하는 유학길에 올라 더 이상 캐디 일을 하고 있지는 않지만, 과거에 유학은 가고 싶고 형편상 부모님의 지원은 받을 수 없는 상황에서 단기간에 고소득을 올리는 직업을 찾던 중 우연히 골프캐디라는 직업을 알게 되었다고 합니다. 하지만 주변에서 쉽게 접하기 힘든 직업이었고, 인터넷상에 떠도는 안 좋은 루머들에 의해 '캐디를 해도 되나?' 하고 잠시 주춤하기도 했답니다. 그러다 한국캐디사관학교의 골프캐디 세미나를 통해 루머의 근본적인 이유를 명확히 이해하게 되었고, 결국 골프캐디로 단기간에 돈을 벌어서 유학까지 갈 수 있었던 것입니다.

"골프캐디를 하려면 결국 자기 목표가 뚜렷해야 하는 것 같아요. 같이 입사했던 캐디 교육생 동기 하나는 자기 목표가 없다 보니까 정식 캐디로 돈을 벌기도 전에 골프장을 그만둬버리더라고요. 그리고 하루하루 소득이 들어오는 직업이다 보니 동료 캐디들이 제대로 저축하지 않고 흥청망청 쓰는 모습을 보면서 제 목표를 더욱 상기하게 되더라고요."

김소영 캐디님의 말을 들으며 역시 과거에 제가 캐디를 했을 때와 마찬가지로 '골프캐디라는 직업은 목표가 있는 사람에게 충분히 그에 걸맞은 디딤돌이 될 수 있는 직업이구나'라는 생각을 다시금 했던 기억이 납니다. 또 김소영 캐디님은 골프캐디를 하면서 몸무게를 무려 11킬로그램이나 감량했습니다. 골프캐디를 통해 원하는 유학자금도 마련하고 다이어트에도 성공하며 두 마리의 토끼를 한꺼번에 잡은 것입니다.

세상에 쉬운 일이란 존재하지 않습니다. 어떤 일이든 육체적으로나 정신적으로 고달픈 부분이 있고, 그 직업을 얻기 위해 감수해야 하는 부분이 있습니다. 이러한 점에서 보면 골프캐디라는 직업도 일반적인 직업과 별반 다를 바가 없습니다. 노력을 통해 내가 바라는 것을 얻는 평범한 진리 말이죠. 단지 사람들에게 잘 알려지지 않다 보니 수많은 오해로 둘러싸여 있을 뿐 사실은 일반적인 직업보다 장점이 더 많습니다.

젊은 세대들에게 "참아라, 견뎌라, 지금보다는 미래에 투자하라"는 메시지를 보내는 사람들이 많습니다. 그런데 그들에게 이런 메시지가 과연 무슨 의미가 있을까요? 물론 뾰족한 해답을 제시하지 못하기에 이런 식으로 위로를 하는 것일 수도 있겠지만 진정으로 그들을 위한다면 실질적인 대안을 마련해주어야 합니다. 문턱이 높고 경쟁률이 심해서 취업이 안 된다고들 말하지만, 소득도 많고 취업 문턱도 높지 않는 골프캐디와 같은 직업도 분명 존재합니다. '정년이 보장되는 기업', '안정적인 직장'은 어느덧 옛말이 되었습니다. 이제 회사에만 의지하기보다는 많은 소득과 근무 이외의 시간을 활용해 나 스스로 믿을 수 있는 사람이 되는 길을 찾아야 합니다.

세상에 홀로 서기 위해서는 자신에 대한 투자와 함께 성장을 위한 인생의 다이어트가 필요합니다. 하지만 청년들에게는 그런 기회마저도 줄어들고 있는 것 같습니다. 지금이라도 새로운 돌파구를 찾아야 할 때입니다. 갈수록 각박해지는 세상에서 이제 내실을 다지고 정말 자신에게 이득이 되는 선택을 해야만 합니다.

Success Story

20대부터 자수성가 자금을 모아라

$

취업의 문턱은 갈수록 높아져가고 있지만 안타깝게도 대부분의 직업들에서 소득이 상승할 여지는 없어 보입니다. 한국캐디사관학교를 찾아오는 취업준비생들도 이 점에 대해 많이들 이야기합니다. 적성에 맞추려고, 혹은 생활 여건에 맞추려고 해도 결국에는 소득이 만족스럽지 못한 직업들이 너무 많다는 것입니다. 특히나 무언가 목표를 이루고자 하는 사람이라면 여기에 더 많이 공감하게 됩니다. 캐디를 준비 중인 정영선 씨도 이와 같은 분이었습니다.

어릴 적부터 자수성가를 하고 싶었던 그녀는 고등학교를 졸업하자마자 자수성가에 필요한 자금을 마련하기 위해 닥치는 대로 일을 했습니다. 그러나 현실은 취업조차도 쉽지 않았고, 할 수 있는 일이라고는 음식점이나 편의점 아르바이트, 그리고 그렇게 힘들다는 야간택배 아르바이트까지, 자수성가 자금을 마련하기 위해 투잡에서 쓰리잡까지 2년간 안 해본 일이 없었다고 합니다. 그렇게 자신을 돌아볼 여유도 없이 오로지 돈 모으는 데에만 집중하며 일해왔지만 결국 수중에 남은 돈은 그렇게 많지 않았다고 합니다. 그저 일만 열심히 한다고 자수성가를 할 수 있는 게 아니라는 것을 깨달은 그녀는 주변의 권유로 돈을 많이 번다는 보험 영업도 해보았다고 합니다. 그런데 막상 실제로 해보니 자수성가하려던 자신의 목표와는 다르게 주변 사람들에게 폐만 끼치고 인간관계만 악화되어가는 것을 보험 영업 2개월 만에 알게 되었다고 합니다.

그렇다고 포기할 수는 없는 법! 이왕 시작한 보험 영업, 주변의 인맥들을 괴롭히기보다는 시장 상권을 돌면서 방문판매도 해보고 전화판매도 시도했습니다. 정말 쉽지 않은 일이었지만 그래도 기존에 여러 가지 아르바이트를 하며 두꺼워진 낯짝이 한편으론 도움이 되었는지 한 달에 한두 건씩 종종 계약이 되었더랍니다. 하지만 얼마 지나지 않아 고객들의 변심으로 환불되는 건들이 생기면서 보험 계약을 따내는 일보다 유지하기가 더 어렵다는 사실을 알게 되었다고 합니다.

어렵사리 따낸 보험 계약이 몇 달 가지 않아 취소가 되고 그렇게 받은 수당을 다시 환불해야 하는 일들을 몇 번 경험하다 보니 보험 영업 또한 자신의 일이 아니라는 것을 깨닫게 되었다고 합니다. 뼈아픈 경험은 그저 안 좋은 기억으로만 남았으면 좋으련만, 이 혹독한 실패 경험의 결과는 통장에 천만 원의 빚을 남겼습니다. 그리고 문득 '자수성가란 내가 해낼 수 없는 것이 아닐까?'라는 생각이 들었다고 합니다. 저 역시도 비슷한 경험을 해본 적이 있는지라 이분의 복잡한 심정을 이해할 수 있었습니다.

요즘은 시대가 참 많이 변했습니다. 과거에는 누구나 열심히 일하면 자수성가라는 것이 가능했지만 갈수록 시대가 변하고 경쟁도 치열해지면서 이제는 노력해도 쉽지 않은 일이 되어버렸습니다. 자수성가를 하기 위해서는 새로운 기회를 찾아내는 안목이 있어야 하고, 자신의 의지를 믿고 추진해 성과를 내야 합니다. 하지만 애석하게도 학교에서는 이러한 것들을 배울 수 있는 방법이 없지요. 그렇다 보니 우리나라 학생들이 20대가 되어서 자신의 의지만으로 새로운 사업이나 시장을 개척해나가기란 쉽지가 않습니다.

모든 일에는 절차라는 것이 있습니다. 자수성가에도 절차가 있지요. 세상일은 혼자 노력한다고 되는 것이 아닙니다. 내가 할 수 있는 일을 명확히 알아야 하고, 그 일을 추진할 수 있는 자금도 마련해야 합니다. 그리고 항상 더 잘되기 위해 고민해야 하며, 스스로 해답을 찾지 못하겠다면 비용을 들여서라도 멘토들을 찾아다니며 발품을

파는 자세가 필요합니다. 자수성가를 꿈꾸지만 아직 아무런 준비가 되어 있지 않은 사람들일수록 골프캐디라는 직업이 필요한 조건들을 충분히 만족시켜줄 것입니다. 연봉 4천만 원이라는 소득적인 측면과 더불어 개인 시간이 충분히 주어지는 직업이기 때문입니다.

이제 더 이상 세상은 '무작정'이나 '무턱대고'라는 말이 먹히지 않습니다. 가령 맨몸으로 싸우는 사람과 야구방망이를 들고 싸우는 사람 중 과연 어떤 사람이 이길 수 있을까요? 정답은 싸움의 기술을 알고 있는 사람이 이길 가능성이 더 높다는 것입니다. 하지만 우리나라 청년들은 대부분 20대 이후에 겪게 될 정글의 법칙을 전혀 배우지 못한 채 사회에 나옵니다. 더욱 안타까운 것은 이러한 사실조차 알려주는 어른들이 없다는 것입니다. 이렇듯 많은 20대 청년들이 어떻게 살아야 하는지 답을 찾지 못한 채 세상을 살아가기에 청년 실업 문제도 계속해서 해결되지 않는 것입니다. 결국 이 문제도 사회적으로 해결책이 마련될 때까지 기다리기보다는 개인이 스스로 나서서 해결 방법들을 찾아 나서야 할 것입니다. 세상은 생각보다 냉정합니다. 건물들이 빼곡히 들어선 정글에서 성공하기 위해서는 먼저 정글에서의 생존 법칙을 알아야 할 것입니다.

Success Story

성공한 회장님을 옆집 아저씨 보듯 본다

한국캐디사관학교에서 골프캐디를 하고자 하는 분들을 많이 만나 본 결과 다음과 같은 몇 가지 유형으로 구분할 수 있었습니다.

» 소득 높은 직업을 원하는 20대 여자분들

» 군대를 막 전역해서 취업 문제로 고민하는 20대 청년들

» 엄마로서 자녀들이 원하는 것을 다 해주고 싶은 30대 주부님들

» 자녀들에게 당당한 엄마의 모습을 보여주고 싶은 40대 주부님들

» 자녀를 홀로 양육해야 하는 워킹맘 등등

이처럼 다양한 사연을 가진 사람들이 골프캐디가 되기를 꿈꿉니다. 세상에 사연 없는 사람은 하나도 없다는 말처럼 이외에도 여러 가지 사연을 가진 사람들이 많지만, 가끔씩 사회적인 성공을 꿈꾸며 골프캐디를 준비하는 사람들도 많습니다. 만약 이런 야망을 가진 사람들이 골프캐디를 하게 된다면 과연 어떠한 일들이 생길까요?

골프가 사회적으로 높은 지위의 계층들이 주로 즐기는 스포츠이다 보니 골프캐디들은 알게 모르게 꽤 훌륭하거나 유명한 분들을 만나는 경우가 많습니다. 물론 이러한 분들과 비즈니스나 장래를 위한 만남이 아닌 단순히 골퍼와 캐디로서 골프를 함께 하는 시간을 갖는 것이긴 하지만요. 또 유명 연예인들과 골프 라운드를 하는 경우도 있습니다. 이렇듯 골프캐디들은 유명하거나 대단한 분들을 만나볼 기회가 많다 보니 간간히 일반 사람들은 생각해볼 수 없는 재미난 해프닝이 생기기도 하고, 이는 골프캐디들 사이에서 유명한 일화로 회자되기도 합니다.

한국캐디사관학교 출신의 김미연 캐디님만 보더라도 일반적인 직장이나 직업에서는 있을 수 없는 특별한 경험담을 갖고 있습니다. 처음부터 직원들 사이에서 우리 골프장의 유망주라는 소리를 들으며 캐디를 시작했던 그녀는 어느 날 학생들이나 젊은 친구들 사이에서 유명한 T모 화장품 회사의 회장님과 골프 라운드를 함께 하게 되었다고 합니다. 그날도 평소대로 근무를 하고 있었는데 갑자기 그 회장님께서 대뜸 이렇게 물어오셨다고 합니다.

"이봐요, 김 캐디! 자네는 우리 회사의 어디 매장을 주로 가는가?"

"회장님, 저 그 회사 화장품만 쓰는 건 아닌데요."

"허허허, 그렇지! 아무튼 우리 회사 매장을 가면 주로 어디로 가는가?"

"집이 평택이라서 그 근처 매장으로 가긴 하는데요."

아마도 이날 김미연 캐디님의 열성적으로 일하는 모습이 무척 마음에 드셨던 모양인지 회장님은 라운드 도중에 갑자기 전화기를 꺼내들더니 이렇게 말씀하셨다고 합니다.

"응, 내가 오늘 라운드가 아주 맘에 들어서 그러는데 우리 캐디한테 화장품 100만 원어치만 챙겨서 보내줘!"

소위 큰손들이 많이 찾는 골프장에서 제대로 된 직업의식을 가지고 열심히 일하는 사람에게는 가끔씩 이러한 행운이 찾아오기도 합니다.

사실 김미연 캐디님의 경우 그전까지 라면공장에서 근무를 하다 보다 나은 소득을 위해 골프캐디가 되기로 마음먹은 케이스였습니다. 한국캐디사관학교를 운영하면서 또 한 가지 새롭게 알게 된 사실은 취업이 어렵고, 또 딱히 제대로 된 직장에 들어가기도 쉽지 않은 지금과 같은 시기에 어쩔 수 없이 생산직 공장에 취직하는 젊은 친구들이 참 많다는 것입니다. 만약 김미연 캐디님이 용기를 내어 골프캐디를 선택하지 않았다면 이러한 색다른 경험을 평생 한 번이라도 해볼 수 있었을까요?

가만히 보면 자수성가한 사람들이 가장 중요하게 생각하는 것은 바로 인간관계입니다. 결국 자신이 성장하기 위해서는 그전에 먼저 성공한 사람들을 만나보아야 합니다. 간혹 다른 누군가의 영향을 받지 않고도 자기 스스로 멋지게 성장하고 성공하는 사람도 있긴 하지만, 보통의 평범한 사람들은 어떤 사람을 만나느냐에 따라 자신의 앞날에도 굉장히 많은 영향을 받는 것 같습니다. 저 역시 책이나 공부를 통해 배우는 것보다 여러 사람들을 만나고 관찰하면서 좋은 점은 받아들이고 좋지 않은 면은 배제하면서 배우는 것들이 더욱 많습니다.

골프캐디는 나와 상황이 비슷한 사람들보다는 나보다 앞서 성공을 일군 사람들을 매일매일 만나는 것이 가능한 직업이라고 할 수 있습니다. 지금 당장 내 주변을 한번 둘러봅시다. 내 인생이 지금보다 더 나아지기 위해 본받을 점이 많은 사람들과 인간관계를 맺고 있나요, 아니면 인생에 도움이 되기보다는 그저 함께 있으면 마음이 안정된다는 이유로 인간관계를 근근이 이어가고 있지는 않나요? 인생이 만족스럽지 못하다고 여겨진다면 한 번쯤 잠시 멈춰 서 자신이 원하는 인생에 대해 고민해보는 시간을 가져야 합니다.

소득이나 인생에 대한 만족도는 당장 바꿀 수 없겠지만, 그 기반이 되는 인간관계는 노력하기에 따라 금세 바뀔 수 있습니다. 나 자신의 현재와 미래를 위해 지금의 인간관계를 배울 점이 많은 사람들로 채우는 것이 바로 성공의 첫걸음이라고 할 수 있습니다. 그 방법을 잘 모르겠다고요? 그렇다면 우선 이러한 사람들과의 접점이 많은 환경을 조성하기 위한 방법으로 골프캐디라는 직업을 선택해보는 건 어떨까요? 어떤 인간관계가 도움이 되는지 구분하는 방법을 모르겠다고요? 한국캐디사관학교를 검색하시면 저희 네이버 카페에서 이러한 깨알 노하우를 알려드리고 있습니다.

Success Story

직장인의 봉투가 얇아질 때 골프캐디의 봉투는 두꺼워진다

"제가 잘 몰라서 그러는데, 골프캐디 소득이 왜 그렇게 많을 수 있는지 이해가 가지 않아요."

갈수록 소득이 많은 직업을 찾기 어려운 시대가 되어가고 있는 요즘 이러한 질문을 많이 받곤 합니다. 한편으론 믿을 수 없다는 의견도 충분히 이해는 갑니다. 저도 처음에는 골프캐디가 그렇게 소득이 높다는 사실에 많은 의심을 품고 시작했으니까요. 하지만 실제로 직접 경험해보니 창업을 해서 성공하거나 영업을 잘하는 사람이 아닌 이상 이만큼 소득을 많이 올릴 수 있는 직업도 없겠다는 생각이 들었습니다. 그리고 무엇보다도 다른 직업들에 비해 임금 상승의 가능성이 높다는 것도 골프캐디의 특징이지요.

골프캐디의 소득원이라고 할 수 있는 캐디피는 국내의 경우 맨 처음 3만 원이라는 가격이었습니다. 그러다 1996년 이후부터 6만 원으로 상승하기 시작하더니 2012년 이후에는 어느덧 한 라운드당 12만 원으로 상승했습니다. 그리고 현재는 지방의 골프장들을 제외하고 경기권에 있는 골프장들은 대부분 캐디피가 12만 원으로 고정된 상태입니다.

캐디피의 상승으로 인해 상대적으로 골퍼들은 불만의 목소리를 내고 있지만, 골프캐디들로서는 소득이 늘어나는 요인으로 작용하므로 훗날 캐디가 되려는 사람들에게도 긍정적인 효과를 줄 것으로 기대되고 있습니다. 과거에는 골프캐디를 말로만 전문 서비스직이라고 했지 실제로 인정해주는 분위기가 아니었지만, 이제는 어엿하게 제대로 된 전문 서비스 직업으로 인정을 받아가고 있는 것에 대한 반증이라고 생각합니다.

어쨌든 2012년 이후 캐디피가 상승한 덕분에 과거에는 한 달간 40번의 라운드를 할 경우 골프캐디의 한 달 소득이 400만 원이었다면 지금은 500만 원이 되기에 이르렀습니다. 물론 여기에 좀 더 욕심이 많은 캐디들은 추가 라운드와 함께 오버피(골퍼가 캐디에게 주는 팁)를 포함해 월 700만 원 이상의 소득을 누리는 경우도 있지요. 이는 청년 실업 문제와 함께 적은 급여에 허덕이는 일반 직장인들과

상당히 대조되는 느낌입니다. 결국 이 모든 것이 골프캐디라는 직업의 특수성 때문에 얻는 이점입니다.

CHAPTER 3

골프캐디가 되기 위한 슈퍼 솔루션

그동안 저는 전직 골프캐디로서,

그리고 지금은 한국캐디사관학교의 대표로서

과연 세상이 내가 보아온 진실을 알아줄 것인가에 대한

고민을 해왔습니다. 즉, 청년들에게 새로운 가능성을

알리고 싶었습니다. 수많은 밤들을 고민 속에 지새우면서

결국 마지막에 내린 결론은 '길을 만들 때 산이 가로막고 있다면

터널을 뚫으면 된다'는 것이었습니다.

바로 '문제가 앞을 가로막고 있다면

해결책을 찾으면 된다'는 것이 해답이었습니다.

Success Story

생계 수단을 뛰어넘어 생존 능력을 갖춰라

그동안 저는 전직 골프캐디로서, 그리고 지금은 한국캐디사관학교의 대표로서 과연 세상이 내가 보아온 진실을 알아줄 것인가에 대한 고민을 해왔습니다. 즉, 청년들에게 새로운 가능성을 알리고 싶었습니다. 수많은 밤들을 고민 속에 지새우면서 결국 마지막에 내린 결론은 '길을 만들 때 산이 가로막고 있다면 터널을 뚫으면 된다'는 것이었습니다. 바로 '문제가 앞을 가로막고 있다면 해결책을 찾으면 된다'는 것이 해답이었습니다.

우리나라 청년들의 먹고사는 문제, 즉 취업 문제가 극에 달해가고 있는 지금 한편으로는 아이러니하다는 생각이 들었습니다.

'골프장에서는 캐디가 늘 부족하다고 난리인데…….'

그렇습니다. 매년 청년 실업률은 전년보다 높아져만 가고, 대기업의 취업 문턱과 면접의 경쟁률 또한 감히 도전해볼 수 없을 만큼 높아지고 있습니다. 각종 인터넷 커뮤니티에서는 취업이 안 된다고 호소하는 글들이 올라오기도 하며, 주변의 젊은 친구들을 봐도 딱히 괜찮은 직장을 찾지 못하고 아르바이트로 20대를 보내는 경우가 많습니다. 하지만 소득도 높고 다른 직업에 비해 자기 시간도 넉넉한 골프캐디는 우리나라의 청년 취업률과는 무관하게 여전히 부족한 현실입니다. 골프장에서는 캐디들이 너무 부족해서 매년 캐디피를 올려서라도 붙잡으려고 혈안인데도 우리나라의 청년 실업률과 국내 골프캐디의 상황은 분명히 정반대의 분위기입니다. 청년 실업률은 높아만 가는데 골프캐디들은 날마다 줄어가고만 있는 것입니다.

그렇다면 세상에 쉬운 일은 없는데 왜 골프캐디는 돈을 많이 버는 직업임에도 불구하고 유독 외면을 받는 것일까요? 저 역시 젊은 시절에 가진 것이 없어 홀로서기를 해야 했습니다. 그때나 지금이나 젊은 사람들의 취업 문제는 어려웠지요. 저는 결국 소득이 많은 직업을 찾다 골프캐디를 시작하게 되었습니다. 그러면서 '소득이 많은 직업이라면 누구나 당연히 도전해볼 만할 텐데 왜 골프장에서는 항상 캐디가 부족할까?' 하는 생각이 들었습니다. 시간이 지나 초보 딱지를 떼고 어엿한 경력자가 된 이후에도 상황은 달라지지 않았습니다. 골프장 관리자 분들은 항상 "캐디가 부족하다. 어디 캐디 해보겠다고 하는 친구 없니?"라고 말했지요. 아마 지금까지도 골프장 관리자들은 분명 이 말을 내뱉고 있을 것입니다.

저의 짧은 경험담 속에서 어떤 것을 발견하셨나요? 저는 취직하기 어려운 취업준비생과 골프캐디의 입장을 다 경험해보면서 두 가지 다른 세상을 발견했습니다.

첫 번째, 많은 소득을 바라지만 방법을 찾을 수 없어 헤매고 있는 수많은 청년 취업준비생들의 세상.

두 번째, 많은 소득을 안겨줄 수 있지만 늘 부족한 인력 때문에 이런저런 고민에 빠져 있는 골프장 운영자들의 세상.

청년 취업준비생들과 골프캐디라는 직업은 분명 융화될 수 있는 조건을 갖추고 있는데 어찌 된 일인지 몰라도 취업준비생들은 골프캐디에 도전해보기를 겁내는 경향이 많았으며, 그에 비해 골프장 운영자들은 이 상황을 방관하는 듯한 느낌을 지울 수 없었습니다. 과연 이 둘 사이에는 어떠한 보이지 않는 장벽이 있는 것일까요?

1929년 국내에 처음 골프라는 스포츠가 생기면서 골프캐디라는 직업도 생겨났습니다. 우리나라 골프장의 특성상 반드시 골프캐디가 필요합니다. 그런데 골프장에서는 캐디가 항상 부족해 골프장의 손님이라고 할 수 있는 골퍼들에게 불만 섞인 소리를 들어가면서도 골프캐디들을 잡아두기 위한 방법으로 3~4년 전부터 캐디피를 올리기도 했습니다. 그럼 이렇게 캐디피를 올린 이후에는 골프장 운영이 수월해졌을까요? 결코 아니었습니다. 그럼에도 불구하고 여전히 골프장에서는 캐디들을 충분히 확보하지 못해 전전긍긍하고 있는 상황입니다.

캐디피를 올리면 캐디들의 서비스 질이나 골프장에 대한 충성도가 높아질까요? 글쎄요. 어찌 되었든 캐디피를 올려주는 방법도 경력이 있는 캐디들을 붙잡아두기 위한 방법일 뿐 새로운 인력을 끌어들이는 수단이 될 수는 없습니다. 다시 말해 캐디피의 상승은 분명 골프캐디들의 귀를 솔깃하게 할 만한 제안이긴 하지만 이러한 방법이 근본적인 해결책이 될 수는 없습니다. 근본적인 문제를 해결하기 위해서는 제대로 된 교육을 받고 곧바로 활용할 수 있는 새로운 인재를 만들어내야 합니다.

결국에는 이미 잘하고 있는 캐디들을 붙잡기 위한 방법보다는 처음 캐디를 시작하는 사람들이 잘 적응할 수 있는 방법을 알려줌으로써 인재를 양성하는 쪽이 골프장 운영에도 이득이 되는 길입니다. 또 캐디를 꿈꾸는 사람들 역시 이 직업의 특수한 환경을 명확히 이해하고 시작한다면 일에 대한 만족도도 올라가고 보다 오래 일할 수 있는 발판을 마련할 수 있을 것입니다. 그렇게 된다면 캐디를 통해 청년 실업 문제도 어느 정도 해결될 것이며, 골프장에서 늘 캐디가 부족해 전전긍긍하는 일도 줄어들 것입니다.

사실 골프캐디의 경우 특수근로직, 즉 프리랜서나 개인사업으로 분류되고 있습니다. 개인사업이라고 하면 결국 자기 스스로 소득을 만들어내야 한다는 것이죠. 사업을 해본 분들은 아시겠지만 사업이라는 것은 정말 쉽지 않습니다. 아이템 개발에서부터 인재 양성, 고객 발굴, 마케팅까지 신경 써야 할 것이 한두 가지가 아닙니다. 골프캐디가 그런 영역에 있는 걸쳐 있는 직업이라는 것을 모르고 시작했다가 중도에 포기하는 경우가 많습니다. 직업에 대한 기본적인 개념조차도 제대로 이해하지 못한 채 골프장에 입사했다가 이리저리 휘둘리고 다시 집으로 돌아가는 것이지요. 아직 사회에 익숙하지 않은 젊은 청년들이요.

골프캐디의 소득이 높은 이유도 이와 같은 직업의 특수성 때문이라고 할 수 있습니다. 일반적인 직업처럼 고용자가 근로자의 급여를 정하는 것이 아니라 프리랜서로서 일한 만큼 소득이 보장되는 직업이라고 볼 수 있습니다. 이처럼 골프캐디가 개인사업과 같지만, 일반적인 사업과 다른 한 가지는 사업자라면 꼭 해야 하는 고객 발굴을 골프장이 대신 해준다는 점입니다. 고객 발굴이야말로 사업을 하는 데 있어서 가장 힘든 부분인데 골프캐디의 경우에는 그 어렵다는 고객 발굴을 골프장이 해주는 것입니다. 이와 같은 특성 때문에 골프캐디를 일반적인 직업과 개인사업의 장점만을 모아놓은 직업이라고 정의할 수 있습니다. 개인사업이면서 고소득이 가능하고 자동적으로 고객 발굴이 이루어진다는 장점이 동시에 존재하는 유일무이한 직업이지요. 그로 인해 소득에 대한 안정성과 고소득이 가능한 직업이라고 볼 수 있습니다.

상대의 패를 알고 게임에 임하는 것과 모르는 채 임하는 것은 분명히 다릅니다. 골프캐디가 고소득이 된다는 것만 알고 캐디의 구체적인 개념에 대해서는 전혀 알려고 하지도 않은 채 시작한다는 것은 무턱대고 개인사업을 시작하는 것과 같습니다. 그럴 경우 결과는 불보듯 뻔합니다. 당연히 고생은 고생대로 하고 돈은 벌어보지도 못한 채 울면서 포기하는 것이죠.

실제로 과거에는 캐디 교육생들이 골프장에 입사한 이후 갑자기 잠적하거나 스스로 그만두겠다고 하는 경우가 굉장히 많았습니다. 게임의 룰을 전혀 알지 못한 채 임했기 때문이죠. 이는 원래 골프캐디를 했던 사람도 2년 이상의 경험이 있어야 이해하는 내용들입니다. 흔히 군대를 '작은 사회'라고 표현하는 것처럼 캐디들끼리는 골프장 또한 작은 사회라고 말합니다. 이처럼 골프장이라는 작은 사회에서조차도 살아남을 능력을 제대로 갖추는 자세가 필요합니다.

누구나 스무 살이 되면 이제 공부보다 사회에서 살아남는 능력이 필요합니다. 스무 살 이후부터는 공부가 중요한 것이 아닙니다. 이미 세상은 좋은 교육을 받은 사람들로 넘쳐납니다. 좋은 교육이 앞날을 책임져줄 수 있다면 좋으련만 지금의 청년 실업률을 보고 있으면 이제 좋은 교육이라는 것은 의미가 없어진 듯합니다. 이제는 살아남는 능력을 배워야 합니다. 골프캐디에 대해 제대로 배움으로써 단순히 생계 수단을 뛰어넘어 살아남는 능력을 갖출 수 있는 기회를 잡아야 합니다.

스무 살이 넘으면 인생에서 써먹을 수 없는, 전혀 도움이 안 되는 시답지 않은 것들을 배우면서 시간 낭비를 할 것이 아니라 빨리 살아남는 요령부터 배워야 합니다. 그리고 젊은 시절부터 자기 재산을 축적해야 합니다. 그러기 위해서는 당연히 소득이 많은 직업을 선택해야 하죠. 언제까지 금수저들을 부러워만 하고 있을 것인가요?

조금만 더 노력해보면 살아갈 방법이 얼마든지 많습니다. 부모도, 정부도 대신 살아줄 수 없는 것이 인생입니다. 결국 나 스스로 일어서기 위해 살아남는 방법을 익혀야 합니다. 이것이 바로 제가 젊은 날에 알지 못했던 진리였습니다. 남에게 의지하려는 생각은 이제부터라도 집어던지고 스스로 살아남는 연습을 해야 할 때입니다, 나 자신을 위해서.

Success Story

나를 알고 세상을 알면 취업, 백전백승

누구나 새로운 일을 시작할 때에는 막연한 두려움에 사로잡히기 쉽습니다. 골프캐디를 처음 시작하는 사람들도 이러한 두려움에서 자유롭지 못할 것입니다. 가장 큰 이유는 아마도 골프캐디라는 직업에 대해 제대로 알려주는 곳이 없기 때문일 것입니다. 상황이 이렇다 보니 답답한 마음에 인터넷과 커뮤니티에서 골프캐디에 대한 정보를 찾아보곤 합니다. 하지만 제대로 된 정보를 얻지 못한 채 정식 캐디가 되기도 전에 골프장이라는 울타리 안을 벗어나 집으로 돌아가는 경우가 많습니다.

세상이 많이 발전하고 인터넷의 발달로 인해 정보의 평준화가 이루어졌다지만 구체적으로 들여다보면 잘못된 부분들이 많습니다. 일반적인 정보들도 검증되지 않은 것들이 많은데 아직까지 많은 사람들이 알지 못하는, 특수근로직에 해당하는 골프캐디라는 직업은 과연 어떠할까요?

어떠한 일이든 결국 누가 어떻게 마음먹고 평가하느냐에 따라 달라지겠지만 인터넷과 신문 뉴스에서 다뤄지는 골프캐디는 '짐꾼이다' 내지는 '접대문화로 인한 문제가 많은 직업이다'라는 차마 입에 담기도 어려운 왜곡된 정보들과 자극적인 소재로만 이용되는 것 같아 안타까울 뿐입니다. 모두 골프캐디를 실제로 해보지 않았거나 이런 자극적인 기사를 내는 것이 생계 수단인 사람들의 말인 경우가 많습니다. 한편으로는 저 역시도 이런 일들이 정말 벌어지고 있는 건가 싶을 정도로 정말 잘 꾸며진 내용들이 인터넷상에 떠돌기도 합니다. 하지만 그보다는 예비 캐디 그리고 현직 캐디들이 누구에게도 의지하지 않고 스스로의 노력으로 자신의 목표를 이루어낸 눈물겨운 사연들이 진짜라는 것을 깨달았고, 골프캐디야말로 자신의 미래를 위한 디딤돌과 같은 직업이라는 것에 확신을 갖게 되었습니다.

"아직 20대 여자분이시면 돈 벌 생각 말고 공무원 준비나 하세요."

"부잣집 남자 만나서 인생 필 생각이나 하는 게 좋아요."

불과 몇 년 전만 해도 인터넷상에서 골프캐디를 하고 싶다고 하면 들을 수 있는 내용이었습니다. 이와 같은 조언을 따른다면 공무원이 되는 것은 어디 쉬운 일인가요? 공무원이 되겠다고 많은 시간을 투자하기만 하면 반드시 공무원이 되기는 하는 걸까요? 공무원이 되겠다고 달려드는 사람은 날이 갈수록 늘기만 하는데 그 경쟁률은 어떻게 이겨낼 건가요? 공무원 시험을 준비한다고 명절에 가족들 얼굴도 못 보고 노량진으로 도피한다고 해도 그 도피가 1년 안에 끝나리라는 보장은 있는 건가요? 공무원이 되었다손 쳐도 소득적인 부분은 과연 만족할 수 있을까요?

부잣집 남자를 만나는 건 또 어떤가요? 나의 인생이 텔레비전 드라마와 똑같을 것이라고 생각하는 건가요, 아니면 동화 속의 판타지가 현실로 이루어지길 원할 만큼 아직 어린 나이인가요? 거기다 평범한 여자들의 인생을 모두 책임져줄 만큼 부잣집 남자는 많이 남아 있을까요? 무엇보다도 자신의 인생을 남에게 의지할 만큼 스스로에게, 그리고 자신의 미래에 대해 그렇게 자신이 없나요?

많은 사람들이 자신의 일이 아니라서 그런지 몰라도 냉혹한 현실을 제대로 따져보지도 않고 이런 생각들을 쉽게 내뱉습니다. 단지 골프캐디를 해보겠다는 말 한마디만 했을 뿐인데 실상은 더 어렵거나 말도 안 되고 더 가능성이 없는 해결방법을 내놓습니다. 이런 분들은 아마 동화가 현실이 될 거라고 생각하는 것일지도 모르겠습니다. 현실에서 이런 동화 같은 일이 자주 일어난다면 이미 동화는 동화가 아닐 것입니다. 이러한 이야기는 분명 아직 세상 물정을 모르는 사람들이 하는 말이겠지요.

인생을 낭비하고 싶은 사람은 어디에도 없을 것입니다. 맞습니다. 아마 많은 사람들이 스스로의 인생을 감히 짐작하기도 어려울 만큼 아끼고 있을 것이고, 모든 일이 마음대로 될 수 있다면 무의미하게 인생을 낭비하는 사람도 없을 것입니다. 하지만 우리들의 삶은 내가 원하는 대로 쉽게 바뀌지 않습니다. 그렇다면 어떻게 해야 원하는 삶을 살 수 있을까요? 그저 기도만 하고 있을 것이 아니라 게임의 룰을 제대로 익혀둔다면 내가 원하는 삶을 살 수 있지 않을까요?

우리는 결국 내가 세상과의 싸움에서 이겨야만 원하는 것을 얻을 수 있다는 평범한 진리를 알지 못한 채 세상과 싸우려 합니다. 그 결과는 어떻게 될까요? 이러한 평범한 진리를 누군가 알려준다면 참 좋으련만 어른들도 이러한 게임의 룰을 잘 알지 못합니다. 알지 못하니까 당연히 알려줄 수도 없지요.

한 번쯤은 주변 사람들이 바라는 나의 모습보다 내가 원하는 나와 진실로 대화해보는 시간을 가져볼 필요가 있습니다. 과연 정말 내가 원해서 공무원을 하려고 하는 건지, 세상에 취업 못하는 청년들이 많으니까 나도 별수 없다는 생각으로 내 인생을 방관하고 있는 것은 아닌지, 인생에 대한 뚜렷한 목표나 계획이 없어서 어떻게든 사회가 만들어놓은 매뉴얼에 나를 우겨넣으려고 하는 것은 아닌지……. 일주일이고, 2주일이고 자신이 원하는 미래와 현재를 놓고 스스로와

대화할 시간을 가져야 하며 그렇게 하기 힘들다면 적어도 잠들기 전 10분 동안만이라도 자신의 내면과 마주 보는 시간을 가져야 합니다.

어떠한 계기가 어느 날 갑자기 자신을 찾아올 때까지 기다리고만 있기에는 너무 늦습니다. 미래를 생각해보세요. 도무지 감이 안 잡힌다면 주변에서 나와 나이 차이가 얼마 안 나는 사람을 보며 자신의 미래를 그려보세요. 몇 년 지나지 않아 그 사람과 나이가 같아졌을 때 나는 그 모습에 만족할지, 여전히 취업준비생일지, 공무원 준비를 한 지 3년째 됐는데 아직도 그 상태일지, 여전히 상사의 눈치를 살살 보며 퇴근시간만 기다리고 있는 것은 아닐지, 여전히 자녀들에게 장난감 하나 사주지 못해서 이런저런 핑계를 대고 있는 것은 아닐지…….

멀리 생각할 것도 없이 주변 사람들을 보며 내가 만약 그 사람이 되었다고 가정했을 때 몸서리치게 싫어하게 될지, 아니면 만족하게 될지 떠올려본다면 지금 내가 무엇을 원하는지에 대한 답을 찾을 수 있을 것입니다.

Success Story

연봉 4천만 원 골프캐디가 되기 위한 첫걸음

세상의 모든 일은 시작이 반입니다. 어떻게 시작했느냐에 따라서 최대한 지름길로 가느냐, 아니면 험난한 길만 택해서 가느냐가 결정됩니다. 저 역시도 어떤 일을 할 때 경험 많은 사람에게 조언을 구하느냐, 아니면 별 볼일 없이 자기 주장만 강한 사람에게 조언을 구하느냐에 따라 결과가 달라지곤 합니다. 골프캐디가 되는 데 도움이 되는 특별한 방법이나 매뉴얼이 있는 것은 아니지만 그래도 무턱대고 홀로 도전했다가 결국 골프장에서 혹독한 테스트 과정을 몸소 체험한 이후 자진해서 집으로 돌아가는 사람이 많은 것을 보면 골프캐디도 역시 먼저 경험한 사람들의 이야기를 충분히 듣고 준비하는 것이 현명한 선택이 아닌가 생각합니다.

수영 선수도 처음에 인재를 선발할 때 국가대표와 마냥 취미로 배우려는 사람들의 교육 방식이 다르다고 합니다. 프로가 될 만한 선수에게는 프로에게 맞는 교육 방법이 따로 있고, 취미로 배우는 사람들은 다소 어려운 내용보다는 흥미 위주로 교육을 하는 것입니다. 이처럼 직업으로서 골프캐디가 되기 위해서는 그에 걸맞은 준비과정이 반드시 필요하다고 볼 수 있습니다. 정식 캐디가 되고 나서부터는 고객들에게 이리 치이고 저리 치이며 배워가는 것이 많기 때문에 특히나 처음 시작하기 전부터 무엇을 준비해야 하는지 파악해두는 것이 중요합니다.

골프캐디가 되기 위해 조언을 구하고자 한다면 반드시 그냥 주변의 아는 사람보다는 경험자나 이 방면에 대해 제대로 알고 있는 사람을 찾아가는 것이 좋습니다. 소득이 많긴 하지만 결국 자기 사업이라고 할 수 있는 직업이다 보니 골프캐디에 대해 잘 알지 못하는 사람은 무턱대고 말리고 보는 경우가 있기 때문입니다. 이렇게 반대하는 사람이 부모님일 경우에는 더더욱 난감할 수밖에 없겠지요. 하지만 알고 보면 골프캐디는 한번 해볼 만한 직업입니다. 일단 소득 면에서 여느 직업보다 만족스러우니까요.

만약 골프캐디라는 진로에 대해 반대하는 사람이 있다면, "그렇다면 나에게 다른 어떤 길을 제시해줄 수 있나요?"라고 되물어보기 바랍니다. 딱히 다른 진로에 대해 올바른 길을 제시해줄 수 없는 사람의 의견은 근거가 없는 무조건적인 반대일 뿐, 마치 바구니에서 벗어나려는 게를 못 나가게 붙잡고 있는 나쁜 게와 다를 바가 없습니다. 어떤 일이든 경험자의 이야기가 중요한 것처럼 골프캐디라는 직업 또한 경험자의 의견이 매우 중요합니다.

저는 초보 캐디부터 베테랑 캐디까지 다양한 캐디들을 만나보았지만 어떤 캐디들은 열심히 모은 돈으로 미래의 사업 계획과 준비까지 착실하게 준비하는 반면, 어떤 캐디들은 딱히 목표를 세우지 않고 그저 하루 벌어서 하루 쓰는 하루살이 같은 인생을 사는 부류도 있었습니다. 골프캐디를 처음 시작했을 때의 목표는 잊어버린 채 '내일 또 일하면 돈이 들어오니까', 이런 생각으로 날마다 들어오는 소득에 만족하고 말아버리는 것이지요.

소득이 많은 만큼 골프캐디라는 일이 쉽지만은 않은 게 분명한데 어째서 누구는 착실히 또 다른 미래를 대비하고, 누구는 하루살이처럼 근근이 살아가는 것일까요? 결국 이 모든 것은 처음에 어떤 목표를 가지고 출발했느냐에 따라 달라지는 것입니다. 직업을 선택할 때에는 당연히 미래에 대한 계획까지도 함께 따져보고 신중하게 결정해야 합니다.

주위에서 보면 무엇보다도 '돈을 많이 벌고 싶다'는 생각으로 골프캐디를 하려는 분들이 참 많은데요, 분명 골프캐디가 된 이후에는 날마다 들어오는 소득에 익숙해져서 그저 하루하루 많이 버는 것에 만족해버리는 경우가 생깁니다. 사실 돈을 많이 버는 것도 중요하지만 최종적으로는 내게 돈이 남아 있어야 합니다. 결국 내 손에 돈이 남아 있어야 하고 그것이 근본적으로 우리가 직업을 갖는 이유이지요. 그렇기 때문에 많이 버는 것과 더불어 벌어들인 소득을 지키는 방법 또한 잘 알고 있어야 합니다. 환경이 사람을 만드는 것처럼 날마다 많은 소득이 들어온다면 분명 생활패턴과 돈 씀씀이가 계획대로 되지 않을 가능성이 큽니다.

직업을 선택하는 것은 자신의 미래까지도 바꿀 수 있는 일입니다. 골프캐디는 분명 소득이 많은 직업이지만 이렇듯 어떤 생각과 태도로 임하느냐에 따라 벌어들인 돈으로 자신을 성장시키느냐, 아니면 근근이 벌어먹기 위해 일을 해야 하느냐가 결정됩니다.

일반적인 직업과 많은 부분이 다른 골프캐디라는 직업을 선택했다면 돈에 대한 태도부터 달라져야 합니다. 돈 때문에 시작한 일이지만 그저 지금 당장 많이 버는 것에 만족하기보다는 내가 번 돈을 얼마나 내 것으로 만들 수 있느냐가 중요한 과제라고 볼 수 있습니다.

좋은 골프장을 선별하기 위한 3가지 조건

좋은 골프장에 들어가기 위한 조건은 크게 세 가지로 나눌 수 있습니다.

첫째, 내장객이 많은 골프장을 선택하는 것이 좋습니다. 물론 골퍼들이 선호하는 골프장과 캐디들이 선호하는 골프장은 분명히 다릅니다. 일반적으로 골퍼들은 아무래도 이러한 정보들을 쉽게 접할 수 있지만 골프캐디의 경우에는 이러한 정보들마저 제한적이기도 하지요. 유명한 골프장이라고 해서 꼭 캐디들이 선호하는 골프장이라고 할 수는 없습니다. 하지만 보통 캐디를 하는 이유도 소득과 연관이 깊다 보니 가능하면 내장객이 많은 골프장을 선택하는 것이 앞으로 캐디 생활을 해나가는 데 도움이 될 것입니다. 그렇다고 무조건 소득이 많은 곳이 일하기 좋은 곳은 아니기에 소득 이외에도 많은 부분들을 살펴봐야 하겠습니다.

둘째, 캐디에 대한 복지가 나쁘지 않은 골프장을 선택하는 것이 좋습니다. 골프장을 운영하는 사장님이나 회장님의 마인드에 따라 캐디에 대한 복지는 천차만별입니다. 어떤 곳은 기숙사가 호텔식으로 되어 있는 반면, 심한 곳은 컨테이너 박스를 캐디들의 기숙사로 쓰는 곳도 있습니다. 아무래도 캐디는 여자들이 주로 선호하는 직업이다 보니 이러한 복지 수준에 대해서도 따져보는 사람들이 꽤 많습니다. 소득은 높지만 그 외의 부가적인 요건들은 좋지 않는 골프장도 있으므로 이러한 것들도 고려하여 골프장을 선택해야 하겠습니다.

셋째, 무작정 입사하기보다는 자신에게 맞는 골프장을 선택하는 것이 좋습니다. 세상에 완벽한 것은 존재하지 않습니다. 사람마다 다 특징이 다른 것처럼 골프장 역시 누가 운영하느냐, 어떤 환경에 있느냐에 따라 많은 것들이 다릅니다. 무엇보다도 자신의 직업을 선택하는 일인 만큼 최대한 자신에게 이득이 되는 곳을 선택할 수 있어야 하겠지요? 취업사이트나 관련 커뮤니티에서 관련 정보를 얻을 수는 있겠지만 자신의 인생 목표에 부합하는 골프장인지는 파악하기 어려울 것입니다. 직업을 선택하는 것은 자신의 미래에까지 영향을 주는 중대한 사안인 만큼 반드시 이 분야에 대해 제대로 알고 있는 사람의 조언을 듣고 참고할 수 있어야 합니다.

Success Story

골프캐디, 언제 시작해야 할까?

소득은 많지만 골프캐디가 일반적으로 잘 알려진 직업이 아니다 보니 이 일을 처음 접하는 사람들은 이해하기 힘든 부분이 있을 수도 있습니다. 직장생활과 개인사업의 중간쯤 되는 직업이라는 것부터가 사실 납득하기 쉽지 않을 것입니다. 골프캐디가 특수직업이라는 사실은 이미 알려드렸죠? 하지만 골프캐디가 소득이 많은 직업이라는 것은 확실하기 때문에 갈수록 살기 힘들어지는 요즘 많은 분들이 관심을 보이고 있습니다.

특히 많이들 궁금해하는 부분이 과연 언제 시작하는 것이 좋을까 하는 것입니다. 우리나라는 사계절이 뚜렷하고, 캐디는 아무래도 계절의 영향을 많이 받는 직업이다 보니 이와 관련된 질문을 하는 분들도 꽤 많은 편입니다. 결론부터 말하자면, 본인이 준비만 되어 있다면 어느 때고 가능한 것이 골프캐디라고 할 수 있습니다.

사실 골프캐디의 경우 한 달 단위로 급여가 들어오는 것이 아니라 매일매일 소득이 들어오는 직업이기에 가능하면 하루라도 빨리 되는 것이 이득이지요. 그렇기 때문에 골프캐디가 되고 나서부터는 일반적인 직업과 다르게 "하루하루가 돈이다!"라는 말이 절로 나오게 됩니다. 그리고 무엇보다도 세금을 전혀 내지 않는 몇 안 되는 직업 중 하나이기에 내가 일해서 받은 돈을 내가 온전히 가져갈 수 있는 직업이라고 할 수 있습니다. 많은 사람들이 급여를 받기도 전에 빠져나가는 세금을 보며 푼돈이라도 아까워하는데 골프캐디는 나의 소득을 고스란히 받아갈 수 있는 장점이 있지요. 그렇기 때문에 골프캐디가 되고자 마음을 먹었다면 애꿎게 시간을 질질 끌기보다는 최대한 하루라도 빨리 정식 캐디가 되어서 근무하는 것이 가장 이상적이라고 볼 수 있습니다.

그래도 이왕이면 좋은 때를 찾아 시작하고 싶다면 1월이 적기라고 할 수 있습니다. 겨울이 막 지나고 봄이 오는 3월쯤에 골프캐디를 시작하려는 분들이 있는데 사실은 이때보다 조금 더 이른 1월이 가장 적절한 시기입니다. 그 이유는 골프장 운영의 특성상 3월부터는 이미 날이 풀리기 시작해 골퍼들이 골프장을 찾기 시작하다 보니 그때는 골프장에 입사하기도 쉽지 않고, 골프장에서도 캐디보다는 오히려 골퍼들을 우선으로 신경 쓸 수밖에 없기 때문이지요. 경험이 많은 캐디들의 경우에는 이러한 사실을 잘 알기 때문에 골프장을 옮기고 싶은 마음이 들면 보통 1월부터 이직 준비를 시작합니다. 따라서 가능하면 겨울이 끝나가기 전인 1~2월쯤에 골프캐디를 준비하는 것이 가장 좋습니다.

어쨌든 매일매일 소득이 들어오는 직업이기에 하루라도 빨리 캐디를 시작하는 것이 가장 좋겠지만 큰 흐름으로 봤을 때에는 1~2월쯤에 시작하는 것이 여러 가지로 장점이 있다는 것을 명심해야 합니다. '이때는 꼭 피해라'라는 것은 아니지만 이제 막 골프장에서 영업을 개시해 초보 캐디들을 관리할 여력이 없는 3월에 입사하는 것보다는 조금 더 여유가 있는 시기에 준비하는 것이 효과적이라고 할 수 있겠습니다.

Success Story

골프캐디, 문턱은 낮아도 안방은 엄격하다

"골프캐디, 그냥 아무나 할 수 있는 직업 아닌가요?"

세상에 쉬운 일은 없지요. 하지만 사람들은 잘 알지 못하는 것에 대해서는 쉽게 속단하는 경향이 있습니다. 골프캐디라는 직업도 잘 알려진 직업이 아니다 보니 대부분의 사람들이 일단은 쉽게 생각합니다. 하지만 실제로 직접 골프캐디를 해보면 절대 그렇지 않다는 것을 알 수 있습니다.

한 명의 사람이 제대로 된 업무를 해내기까지는 많은 비용과 경험, 그리고 시간이 드는 법입니다. 초등학교에서부터 대학교까지 한 사람을 교육시키기 위해 들어가는 시간과 비용을 따져봤을 때 사실 인재를 만들어낸다는 것은 쉽지 않습니다. 그래서 갈수록 취업의 문턱이 높아지는 것이겠지요.

세상을 살아가면서 준비하고 노력해야 할 것들은 참 많습니다. 골프캐디가 되기 위해서도 마찬가지입니다. 하지만 아무런 준비 없이 골프캐디를 하고자 하는 사람들이 굉장히 많습니다. 골프캐디가 되기 위해서는 기본적으로 예의부터 갖추는 것이 중요합니다. 골프장에서는 골프캐디가 늘 부족한 상황이기는 하지만 면접 볼 때 후드티나 트레이닝복을 입고 오는 등 기본적인 예의도 지키지 않는 사람을 선발하지는 않습니다. 그 이유는 골프라는 스포츠 자체가 에티켓을 굉장히 중요하게 여기는 운동이기 때문입니다. 아마도 에티켓을 어겼다고 벌점을 주는 스포츠는 골프가 유일할 것입니다.

골프캐디는 기본적으로 에티켓이라는 것을 바탕에 두고 골퍼들을 편하게 이끌어갈 수 있는 실력을 갖춘 사람들만이 할 수 있습니다. 그런데 골프캐디를 직업이라기보다는 그저 아르바이트쯤으로 생각하는 사람들이 많다 보니 기본자세도 갖추지 않고서 쉽게 도전하기도 하고, 골프장의 시각으로 봤을 때에도 인재들은 오히려 점점 줄어들고 있는 듯합니다. 그렇다고 태도가 불량한 초보 캐디들을 선발할 수는 없는 노릇이겠죠? 그래서 골프장들은 캐디를 선발할 때 일반적인 구인 방법과는 다른 전략을 펼칩니다.

일반적으로 기업들은 보다 나은 인재를 선발하기 위해 면접에 많은 시간과 노력을 할애합니다. 자격증을 취득했는지 까다롭게 보기도 하고, 여러 가지 스펙을 요구하거나 토익 점수를 보기도 하지요. 반면 골프장에서는 우선 면접을 간단히 본 후 골프장 내의 테스트에서 합격할 때까지 자체 교육을 실시합니다. 그렇기 때문에 골프캐디가 되기 위해서는 면접보다 골프장에 입사하고 난 후에 이루어지는 테스트 과정이 더 중요한 것입니다. 이렇듯 골프캐디를 선발하는 과정은 일반적인 직업과 매우 다르다고 할 수 있습니다. 골프캐디가 개인사업과 일반 직업의 중간쯤에 해당하는 영역에 있기에 이렇게 운영하는 것도 골프장 입장에서는 당연한 것이겠지만요.

문제는 이러한 사실을 골프장과 현직 캐디들은 잘 알고 있는 데 반해 골프캐디를 처음 접하는 일반인들은 전혀 알지 못한다는 데 있습니다. 면접에서는 쉽게 합격할 수 있지만 골프장 내에서 이루어지는 테스트에서는 아무래도 합격하기가 어렵습니다. 그도 그럴 것이 골프가 에티켓을 중시하는 스포츠인 만큼 골프장을 찾는 골퍼들 역시 이에 대해 굉장히 까다롭게 생각하기 때문입니다. 특히 캐디는 골퍼의 스코어에 지대한 영향을 주는 존재인 만큼 초보 캐디의 작은 실수가 곧바로 골프장에 대한 클레임으로 이어질 소지가 높아서 골프장에서도 캐디에 대한 관리를 소홀히 할 수 없는 것이지요.

골프캐디가 되기도 전에 중도 포기한 사람들은 입을 모아서 "골프캐디는 힘든 일이다. 골프장에 입사했다가 교육만 석 달 받고 돈 한

푼 못 받고 나왔다"고 이야기합니다. 분명 골프캐디는 여느 직업보다 소득이 높은 직업입니다. 하지만 결국 소득이 높다는 것은 그만큼 자격과 능력을 갖추어야 한다는 것을 의미합니다. 이렇듯 소득에 대한 장점이 있는 반면, 실제로 골프캐디가 되기 위해서는 여러 과정들을 이겨내야 합니다.

지금까지는 이러한 현실을 제대로 알려주는 곳이 없다 보니 골프장의 시스템을 이해하지 못한 채 된통 당하고 인터넷에 남겨지는 이야기들로 인해 골프캐디라는 직업은 장점보다 단점이 더 부각되어 왔습니다. 하지만 골프캐디는 조금만 신경 쓰고 보완이 되고 노력하면 많은 청년 실업 문제를 해결할 수 있는 키워드를 가지고 있습니다. 이제 더 이상 취업이 되지 않는다고 발만 동동 구르고 있지 말고 충분히 대응할 수 있는 방법들을 익히고 준비해서 골프캐디라는 직업에 적극적으로 뛰어들어야 할 때입니다.

Success Story

살벌한 골프장 테스트에서 살아남는 법

$

대부분의 취업준비생들이 골프에 대한 것도, 골프캐디에 대한 것도 아무것도 모른 채 골프캐디를 해보고자 마음먹습니다. 그리고 아무런 준비도 하지 않은 채 무작정 골프장에 입사 지원서를 들이밀기 바쁩니다. 일반적인 취업과 마찬가지일 것이라 여기는 것이죠. 하지만 면접이 어려울 것이라는 예상을 깨고 취업은 술술 이루어지고 오히려 면접관들은 "언제 입사가 가능하느냐", "내일 당장 골프장에 들어올 수 있느냐"고 물어보기까지 합니다.

예비 캐디들은 쉽게 이루어지는 취업 절차가 한편으로는 의아하지만 그래도 취업에 성공했다는 들뜬 마음을 안고 골프장에 입성합니다. 그런데 골프캐디가 되기 위한 진짜 면접은 입사 후부터가 시작입니다. 일반 면접처럼 짧은 시간 안에 면접관들에게 어필하는 것이 전부가 아니라 두 달, 길게는 6개월까지 골프장 관리자들에게 인정받아야 하는 교육 과정이 기다리고 있습니다.

여기서 알아두어야 할 것은 생각보다 골프장 내부의 교육들이 그다지 체계적이지 않다는 사실입니다. 아직 골프장 생활에 익숙하지도 않은데 난생처음 보는 골프 용어들이 난무하는 프린트물만 가지고 4~6시간을 교육시간이 아닌 암기시간으로 할애합니다. 무릇 교육이라는 것은 선생님과 제자 간의 지식 교류가 이루어지고 제자의 수준에 따라 이해할 수 있게끔 발맞춰주어야 하지요. 그런데 안타깝게도 캐디들에게 골프장은 지식을 습득할 수 있는 교육장이 아닌 골퍼들에게 전문지식을 어필하며 자신의 서비스 능력을 팔아야 하는 일터로서의 역할이 더 큰 현실입니다. 그렇다 보니 골프장에서도 제대로 캐디 역할을 할 수 있는 능력을 가르쳐주기보다는 초보 캐디 교육생들이 주어진 프린트물만을 독학으로 마스터할 때까지 방치합니다. 그 결과 자연스럽게 중도에 그만두고 골프장을 나가는 캐디 교육생들이 많아지는 것이죠. 이렇듯 아무런 준비 없이 골프장에 입사하는 것은 굉장히 위험한 일입니다.

프로의 세계는 정말 냉정합니다. 특히 요즘 고객들이 조그마한 불만에도 클레임을 걸거나 환불을 요구하는 일이 골프장에서도 비일

비재합니다. 게다가 골프라는 스포츠의 특성상 골프장에 오는 손님들도 품격과 에티켓을 중요하게 여기는 편입니다. 다시 말해 일반적인 고객들에 비해 다소 까다로운 사람들을 대하는 직업이라고 할 수 있습니다. 그럼에도 불구하고 이러한 것들은 전혀 고려하지 않은 채 오직 소득이 많다는 것만 생각하고 골프캐디를 시작하려는 사람들이 많습니다.

어떻게 운이 좋아서 골프캐디로서 잘 적응한다면 문제가 없겠지만 기본이 뒷받침되지 않은 사람들은 얼마 가지 않아 골프장을 떠나기 일쑤입니다. 제가 처음 골프캐디를 시작했을 때에도 정식 캐디로 번호를 받은 캐디들은 20명 중 10명이었지만, 3개월 이후에는 그중에서 또다시 네 명이 골프장을 나갔으니까요. 심지어 그들은 골프에 대한 기초 교육을 받은 사람들이었습니다. 그런 교육마저 없이 시작하는 일반 사람들은 20명 중 한두 명 정도만 골프장 생활에 적응합니다.

골프는 마니아층이 많은 운동이다 보니 골프장을 찾는 골퍼들은 보통 골프에 대해 많이 알고 있습니다. 그만큼 많은 캐디들을 만나보았다는 뜻이겠죠? 그래서 오랜 시간이 지나지 않아 캐디의 실력을 알아차립니다. 실력이 금세 탄로 나는 것이지요. 그리고 이런 골퍼들은 캐디의 업무 수행 능력이 부족하다고 판단되면 골프장에 불만을 토로하는 경우가 있습니다. 그러다 보면 분위기가 험악하게 흘러가기도 합니다.

중요한 것은, 초보 캐디들은 이러한 사실을 전혀 알지 못한 채 골프장에 적응해야 한다는 점입니다. 달리 말하면 캐디로서의 업무 수행 능력을 갖추게 되면 이러한 문제는 발생하지 않는다는 것이죠. 하지만 안타깝게도 대부분의 초보 캐디들은 이러한 사실도, 그 이유도 알지 못한 채 근무를 시작하며, 이런 상황을 몇 번 마주하다 보면 마음의 상처를 입고 막막함과 답답함에 골프장을 떠나는 경우가 많습니다. 자신의 미래를 위해 골프캐디라는 어렵고 힘든 선택을 했지만 현실의 벽 앞에서 무너지는 것이지요. 결국 초보 캐디들도 개인사업자로서 잘해낼 수 있는 골프캐디의 업무 방식을 제대로 알고 있다면 골프장을 떠나는 일은 없을 텐데 말이죠.

실력을 인정받기 위해 골프캐디가 갖춰야 할 요소

실력 있는 골프캐디로 자리 잡기 위해서는 먼저 스스로 캐디가 되고 싶은 이유와 목표를 찾아야 합니다. 내가 일한 만큼 소득이 들어오기 때문에 내가 이루고자 하는 목표, 준비하는 데 필요한 자금, 준비기간 등을 스스로 명확하게 파악하고 있어야 합니다. 그냥 당장 직업이 필요하다는 이유로 골프캐디를 선택해서는 절대 안 됩니다.

또 캐디에 대한 아무런 지식이 없는 상태로 골프장에 적응하기는 쉽지 않습니다. 따라서 골프장 테스트에 합격할 수 있는 캐디 교육을 먼저 듣는 것이 좋습니다. 골프캐디로서 제대로 된 지식과 서비스 마인드를 가진 사람, 근무하면서 일어날 수 있는 실수나 잘 모르는 것에 대해 피드백을 해줄 수 있는 사람도 찾아야 합니다. 스스로 일하고 스스로 서비스를 개선해야 하는 직업인만큼 좋은 멘토를 만나는 것이 금전적인 면이나 캐디로서 생활하는 면에서 보다 도움이 될 수 있습니다.

골프캐디 능력은 혼자서 열심히 공부한다고 기준점을 찾을 수 있는 것이 아닙니다. 그런데 만약 캐디가 되는 데 실질적인 도움을 받을 수 있는 사람을 찾지 못했다면 아무 준비도 되지 않은 채 입사를 하게 되어 험난한 골프장 생활을 홀로 견뎌내야 합니다. 중요한 것은 이렇게 입사한 이후에 정식 캐디가 되면 다행이지만, 보통의 경우에는 '야반도주(골프장을 도망쳐 나오는 캐디들 사이의 은어)'를 하고 마는 일이 더 많다는 것입니다. 따라서 자신에게 맞는 골프장을 선정한 다음 입사하기 이전에 골프장의 시스템을 명확히 파악하고, 골프장에서 원하는 능력을 스스로 갖추어 차근차근 정식 캐디가 되려는 노력을 해야 합니다.

사람이란 누구나 완벽할 수 없습니다. 열심히 준비해서 정식 캐디가 되어도 많은 실수를 하게 될 것이며, 골프장이나 손님들과의 트러블도 발생할 수 있습니다. 그럴 때마다 문제를 적절히 해결할 수 있는 능력을 갖추어야 합니다. 골프캐디가 프리랜서의 개념이 커서 아무래도 대응능력을 갖추기 어려운 만큼 미리미리 예방하는 방법들을 알아두는 것이 중요합니다.

CHAPTER 4

정식_캐디가 되기_위한 준비_자세

정식 캐디가 되기 전까지 골프장 적응 교육으로 몸은 고되고,
마스터들과 선배 캐디들 사이에서의 눈칫밥도
이만저만이 아닙니다. 그 와중에 아직 정식 캐디가 되지 못한
예비 캐디들을 가장 두렵게 하는 것은 '내가 잘해낼 수 있을까?'
하는 걱정입니다. 이 문제를 해결하기 위한 방법으로
첫 번째는 초보 캐디들도 잘 적응할 수 있는
분위기의 골프장을 선별하는 일이며,
두 번째는 어려운 환경에도 불구하고
스스로 헤쳐 나가는 능력을 갖추는 것입니다.

Success Story

한국캐디사관학교의 탄생 배경

일반적으로 취업을 준비하는 사람들은 '어떻게 하면 면접관의 마음에 들 수 있을까?', '내가 이곳에서 근무하는 동안 어떤 미래를 그릴 수 있을까?' 등을 생각합니다. 그런데 바로 이러한 접근 방식으로 인해 골프캐디에 관한 수많은 루머들이 생겨났다고 생각합니다. 그저 일반적으로 통용되는 방식으로 골프캐디를 대하고 이에 실망한 사람들로 인해 루머들이 생겨난 것이지요. 불 다루는 법을 모르면 사고가 나기 쉽지만 제대로 다룰 줄 알면 맛있는 요리에 활용할 수 있는 것처럼 골프캐디 역시 제대로 된 방법으로 접근한다면 누구나 고소득을 올리며 이 일을 시작할 수 있습니다.

그럼 이제부터 골프캐디가 되기 위해 꼭 확인해야 할 것들에는 무엇이 있는지 살펴보겠습니다.

우리나라의 경제 사정이 갈수록 나빠져 간다고 하지만 실제로 골프장에 가보면 이러한 현상과는 전혀 무관하게 돌아간다는 것을 체감할 수 있습니다. 골프장 주차장에는 매일같이 으리으리한 외제차들이 빼곡히 들어차고 있기 때문이지요. 하지만 음식점을 오픈했다고 어디나 다 잘되는 것이 아닌 것처럼 개중에는 고객 유치를 못해서 매출에 골머리를 앓는 골프장들도 있습니다. 이처럼 골프장과 고객을 공유해야 하는 골프캐디는 어느 골프장에 입사하느냐에 따라 소득도 천차만별로 달라질 수밖에 없습니다.

소득을 최우선으로 생각하는 예비 캐디라면 골퍼들이 많이 찾는 골프장이 어떤 곳인지 먼저 알아두는 것이 좋습니다. 주로 수도권 쪽에 있는 골프장에 많은 사람들이 북적이는데 상황을 보다 정확하게 알기 위해서는 한 번쯤 목표로 하는 골프장을 답사해보는 것도 하나의 방법입니다. 잘되는 골프장일수록 당연히 주차장이 빼곡하고, 그에 비해서 캐디 소득이 한 달에 150만 원도 안 되는 곳들은 주자창도 고객들의 차량이 아닌 직원들의 차량으로만 채워져 있는 경우가 많습니다. 이러한 정보를 정확히 확인하기 위한 가장 좋은 방법은 역시 직접 답사를 해보는 것입니다. 하지만 일일이 전국의 골프장들을 돌아다니는 것도 쉬운 일은 아니므로 그보다는 충분히 검증된 전문

가의 조언을 구하는 것이 더 현명한 방법이라고 할 수 있습니다.

정식 캐디가 되기 전까지 골프장 적응 교육으로 몸은 고되고, 마스터들과 선배 캐디들 사이에서의 눈칫밥도 이만저만이 아닙니다. 그 와중에 아직 정식 캐디가 되지 못한 예비 캐디들을 가장 두렵게 하는 것은 '내가 잘해낼 수 있을까?' 하는 걱정입니다. 결국 이 멘탈 싸움에서 진 사람들이 선택할 수 있는 길은 짐을 싸서 집으로 돌아가는 것뿐입니다. 이 문제를 해결하기 위한 방법으로 첫 번째는 초보 캐디들도 잘 적응할 수 있는 분위기의 골프장을 선별하는 일이며, 두 번째는 어려운 환경에도 불구하고 스스로 헤쳐 나가는 능력을 갖추는 것입니다.

사실 정식 캐디가 되기 이전에 예비 캐디들을 괴롭히는 요소들은 정말 많습니다. 예비 캐디들은 마치 뜨거운 사막에 아무런 대비 없이 홀로 남겨진 상황이라고 할 수 있습니다. 아무도 도와주지 않는 이런 상황을 이겨내지 못하고 정식 캐디가 되기 전에 포기하는 경우도 참 많습니다. 골프장에서 초보 캐디들을 단련시키기 위한 하나의 과정임을 알아채지 못한 채 자신이 선택한 길을 뒤로하고 달아나듯 도망쳐버리고 맙니다. 도망을 간다고 해결될 문제는 아닌데 말이죠.

사실 무엇보다도 가장 큰 문제는 처음 골프캐디를 해보려는 사람들에게 이마저도 알려주는 이가 없다는 것입니다. 애초에 골프장의 생리와 더불어 일반인들이 잘 모르는 골프장의 운영 구조를 충분히 알려주며 일반인들이 골프캐디라는 전문 서비스인으로 성장하게끔 도와주는 곳이 있었다면 청년 실업 문제와 골프장 문제를 동시에 해결하고, 무엇보다도 골프캐디들이 서로 상생할 수 있는 열쇠가 되었을 것입니다. 하지만 우리나라에 골프캐디라는 직업이 생겨난 이후 지금까지 이런 생각을 하는 사람이 없었다는 것이 지금의 한국캐디사관학교를 만든 계기입니다.

마스터가 초보 캐디에게 알려주지 않는 골프장 에티켓

골프와 거리가 먼 사람들에게는 익숙하지 않겠지만 골프장에서 꼭 지켜야 할 에티켓이 있습니다. 초보 캐디라면 이러한 것들을 반드시 알아둘 필요가 있습니다.

먼저 플레이어가 어드레스 자세에 들어가면 동반자와 캐디는 말을 하지 말아야 합니다. 골프는 예민한 스포츠입니다. 말 한마디에 스코어가 달라질 수 있으므로 캐디는 말을 해야 할 타이밍과 하지 말아야 할 타이밍을 꼭 알고 있어야 합니다.

가장 중요한 것은 안전! 앞 팀이 안전지대에 도착할 때까지 볼을 쳐서는 안 되며, 골프캐디가 이를 잘 안내할 수 있어야 합니다. 다른 무엇보다도 안전이 최우선입니다. 골프장의 안전은 캐디에게 책임이 있으므로 아무리 서비스가 중요하다고 한들 이 부분만큼은 골퍼들에게 양보하지 않도록 해야 합니다.

볼이 사람 쪽으로 향할 때에는 "포어(fore)"라고 크게 외쳐서 주의를 주어야 합니다. 사고가 났더라도 어떻게 주의를 주었느냐에 따라 캐디의 배상 책임이 달라집니다. 말 한마디를 했느냐, 하지 않았느냐에 따라서 사고에 대한 책임이 캐디에게 있을 수도 있고 그 책임을 피할 수도 있습니다. 이 점을 항상 염두에 두고 근무를 해야 합니다. 귀찮다는 이유로 안전에 대한 의무를 게을리 했다가는 손해 보는 일이 많아지므로 안전을 최우선으로 하는 습관을 가져야 합니다.

캐디는 항상 디보트(divot, 골프 스윙 중 클럽 헤드에 의해 패인 잔디)는 보수하고, 벙커(bunker, 골프장의 코스 중 모래가 들어 있는 우묵한 곳)는 평탄하게 골라 놓아야 하며, 볼 자국은 보수해야 합니다. 골프장은 이용객들이 많은 곳이므로 자신의 팀이 만든 디보트는 다른 팀에게 영향을 주기도 합니다. 이런 작은 에티켓을 지키는 것부터가 진정한 골프캐디의 시작이라고 할 수 있습니다.

볼은 안전을 위해 홀에서 가장 멀리 있는 플레이어가 먼저 친다는 것도 알아두어야 합니다. 이는 안전을 위한 가장 기본적인 개념입니다. 여러 사람이 볼을 치는 스포츠인 만큼 홀에서 가장 멀리 있는 사람이 볼을 치고 가야 안전합니다. 기본을 어기고 라운드를 진행할 시 사고 발생 가능성은 당연히 높아질 수밖에 없겠죠?

플레이어가 볼을 치고 있는 동안에는 앞으로 나가지 않고 다른 플레이어들과 속도를 맞추어야 합니다. 플레이어가 볼을 치는 순간만큼 중요한 순간은 없습니다. 아무리 바빠도 이때만큼은 골프캐디도 잠시 멈추어서 상황을 지켜보아야 합니다.

플레이어는 항상 자신의 순서가 왔을 때 곧바로 시작할 수 있도록 준비되어 있어야 합니다. 이는 캐디가 아닌 골퍼에게 해당되는 말입니다. 너무 여유를 부리는 것 또한 다른 플레이어에게 실례가 되는 행위입니다. 골프장은 많은 사람들이 이용하는 곳이기 때문에 조금은 서두르는 것이 좋습니다. 골프캐디는 이러한 상황을 이해하고 플레이어가 너무 느리게 플레이를 한다고 판단될 경우 서둘러달라고 재촉할 수 있어야 합니다.

끝으로 그린 위에서는 절대 뛰어다니지 말아야 합니다. 이는 많은 초보 캐디들이 실수하는 행동입니다. 빠른 진행을 위해 모든 코스에서 캐디는 민첩하게 행동해야 하지만 오직 그린에서만큼은 절대 뛰어서는 안 됩니다.

캐디가 '골프장의 꽃'이라면 그린은 '골프장의 얼굴'이라고 할 수 있습니다. 마구 뛰어다니다 얼굴에 상처라도 나면 안 되겠지요? 특히 초보 캐디들이 그린에서 실수를 많이 하다 보니 선배 캐디들에게 혼나는 경우가 종종 있습니다. 이 점만큼은 반드시 염두에 두어서 실수하는 일이 없도록 해야 합니다.

Success Story

나에게 꼭 맞는 골프장 선택 방법

우리나라의 골프장은 체계적인 시스템에 따라 운영되기보다는 대부분 '내장객이 얼마나 되느냐', '골프장에 캐디들이 얼마나 되느냐'와 같은 골프장 운영의 환경적인 요인들을 기준으로 운영되는 곳들이 많습니다. 이 말인즉슨 각 골프장의 운영 여건에 따라서 캐디들의 근무 여건부터 복지 수준까지 천차만별이라는 뜻입니다. 사정이 이렇다 보니 어떤 골프장은 내장객이 많지 않아 골프캐디의 소득이 적은 곳도 있고, 또 어떤 골프장들은 캐디들의 숙소와 식사 문제조차 해결해주지 않는 복지가 형편없는 곳도 있습니다. 어떤 골프장들은 캐디들의 이직률이 너무 높아서 이를 조금이라도 막아보기 위해 군대와 비슷한 느낌으로 운영되기도 하지요.

모든 여건이 완벽한 골프장이 존재하지는 않겠지만 그래도 캐디들이 선호하는 곳들은 이미 경력 있는 캐디들 사이에서는 어느 정도 경쟁률이 심한 편입니다. 그런 골프장들에서는 초보 캐디를 아예 뽑지 않기도 하며, 기존의 캐디들이 굳이 이직을 하지 않기 때문에 1년 이상 캐디를 선발하지 않는 경우도 있지요.

보통은 2~3년쯤 골프장 밥을 먹으며 캐디 생활을 하다 보면 이러한 분위기에 대해 조금씩 감이 옵니다. 그러면 그제야 자신이 목표로 했던 골프장이 어떤 곳이었는지를 깨닫고 이직을 하는 경우가 많습니다. 상황이 이렇다 보니 홀로 캐디 생활을 해온 이들은 이직률도 굉장히 높은 편입니다. 이처럼 경력자가 되어서 골프장을 옮기고 싶다는 생각이 들 때에는 먼저 왜 골프캐디를 하려고 하는지부터 생각해보는 것이 좋습니다.

어떤 사람은 젊은 나이에 유학비를 모으기 위해 골프캐디를 하는가 하면, 어떤 주부님들의 경우에는 아무래도 아이에게 금전적으로 조금이라도 더 지원해주고 싶은 마음에 골프캐디를 선택하기도 합니다. 또 어떤 분들은 여유 시간 따윈 생각해볼 수도 없으며, 소득은 적은 직업에 찌들어 살다 보니 상대적으로 소득도 괜찮고 여유 시간도 가질 수 있는 캐디 일을 선택하기도 합니다. 만약 골프캐디를 하고자 하는 초보 캐디라면 자신이 무엇을 원하는지 생각해보는 시간부터 가져야 하겠습니다. 그래야만 다양한 골프장들의 조건들을 선별할 수 있고 차후 이직에 대한 리스크도 줄일 수 있을 테니까요.

학자금을 벌어야 하거나 훗날을 위해 창업 자금을 모아야 하는 등 자신이 원하는 목표 자금이 분명한 사람들은 당연히 골퍼들이 많이 찾고 또 늦은 밤까지도 골프 라운드를 할 수 있는 골프장을 선택하는 것이 유리할 것입니다. 어떤 골프장들은 새벽부터 시작해서 밤늦게까지 날마다 골퍼들로 미어터지기도 합니다. 워낙 골퍼들이 많이 찾아오다 보니 이런 골프장의 캐디들은 어떻게든 조금이라도 더 쉬기 위해 순번을 바꾸는 일이 많습니다. 그렇게 하다 보면 정말 열심히 근무하는 캐디들은 한 달 소득이 700~800만 원 가까이 되는 경우도 있습니다. 그러므로 짧은 시간 안에 목돈을 마련하고자 하는 예비 캐디들은 이러한 골프장을 선택하는 것이 첫 번째로 해야 할 일입니다.

골프캐디의 한 가지 큰 단점은 일반 사람들이 접하기 쉽지 않다는 것입니다. 우리나라는 국토가 좁고 땅값이 비싸다는 문제 때문에 도심에서 골프장을 접하기가 쉽지 않습니다. 그나마 골프 연습장은 쉽게 볼 수 있어도 정규 18홀이 있는 골프장은 도심에서 쉽게 찾아보기 힘듭니다. 도심에서 볼 수 있는 정규 18홀 골프장은 인천 쪽이 그나마 가까운 편에 속하는 정도입니다.

우리나라의 비싼 땅값 문제로 인해 대부분의 골프장은 정말 한

적한 시골에 위치한 경우가 많습니다. 그런데 주부들의 경우 아이들 때문에 집에서 멀리 떨어진 곳에서 근무하기가 여간 어려운 것이 아니죠. 그래서 어떤 주부 캐디님들은 날마다 새벽 4시에 기상해서 2시간씩 걸려 출퇴근을 하는 경우도 있습니다. 이런 분들은 가능하면 출퇴근에 대한 복지 수준, 그리고 골프장 관리자들이 아이들 양육문제에 대해 관대한지도 파악해야 합니다. 이런 내용들은 골프장 구인광고란에는 전혀 나오지 않으므로 해당 골프장에서 캐디 생활을 하는 사람의 의견을 듣거나 조언을 받을 수 있는 사람을 찾는 것이 현명합니다.

골프장은 결국 어떤 마인드를 가진 사람이 운영하느냐에 따라 캐디들의 복지 수준이 극명하게 갈라집니다. 골프장과 캐디들 사이에서 "골프장의 꽃은 골프캐디다!"라는 말이 있긴 하지만 이 말을 받아들이는 것은 결국 골프장 운영자의 몫이기 때문에 캐디들의 복지 수준은 골프장 주인의 마인드에 따라 달라집니다.

최근에는 경력 있는 캐디들이 자꾸 부족해지는 가운데 복지 수준을 계속해서 높이는 골프장이 다소 많아지고 있기는 하지만, 어떤 마인드로 골프장을 운영하는지에 따라 캐디들의 복지 수준이 달라지므로 이 점을 유념해야 합니다. 이왕 캐디를 하고자 한다면 수익적인 면만 보고 무턱대고 입사를 하기보다는 이러한 것들도 꼼꼼히 따져보아야 스마트한 캐디라고 할 수 있습니다.

끝으로 아무리 골프캐디가 스펙이나 자격증을 요구하지 않는 직업이라고 해도 꼭 자신의 입맛에 맞는 골프장만 고집하는 우를 범해서는 안 됩니다. 손뼉도 부딪혀야 소리가 나는 것처럼 내가 마음에 들어도 골프장 쪽에서 나를 필요로 하지 않을 수도 있습니다. 내가 마음에 들어 하는 골프장에서 나를 마음에 들어 할지 한번 곰곰이 생각해보는 시간을 가져야 합니다.

캐디가 되기 위해 염두에 두어야 할 것들

많은 사람들이 골프장에 들어가기만 하면 쉽게 돈을 벌 수 있을 거라고 생각합니다. 하지만 진짜 중요한 것은 입사 이후에 진행되는 골프장 테스트라고 알려드렸습니다. 우리가 만약 골프장을 운영하는 입장이라고 가정한다면 아무것도 모르는 초보 캐디들을 까다롭기로 소문난 고객에게 내보낼 수 있을까요? 또 매일매일 이어지는 라운드 일정에 대한 계획부터 시작해서 당장 눈앞에 닥친 골프장 트러블을 해결하기도 벅찬데, 골프장 생활에 적응하지 못하고 쉽게 골프장을 떠나는 초보 캐디 교육생들에게 많은 신경을 쓸 수 있을까요? 그들도 관리자이기 이전에, 그리고 내 윗사람이기 이전에 한 명의 사람이라는 사실을 우리는 잊어서는 안 됩니다. 사정이 이렇다 보니 처음 들어오는 캐디 교육생들에게 엄격한 잣대를 들이댈 수밖에 없는 것이죠.

골프캐디가 되어서 많은 소득을 가져가고 싶다면 이제부터라도 스스로 준비하는 자세를 갖추어야 합니다. 골프캐디는 프리랜서 개넘의 직업이기 때문에 관리자의 지시에 따라 근무하기보다는 능동적으로 근무하는 태도를 갖추어야 합니다. 골프장의 관리자들 역시 예비 캐디들이 하루빨리 교육을 마치고 정식 캐디가 되기를 바랍니다. 현장에서는 골퍼들을 모실 수 있는 캐디가 한 명이라도 더 필요하니깐 말이죠.

어쨌든 예비 골프캐디라면 골프장에 입사한 이후 골프장 테스트에 합격하는 것이 최우선 목표가 됩니다. 하지만 골프장에서의 현실은 안타깝게도 어떻게 해야 빨리 합격할 수 있는지 방법을 알 수 없고, 그저 막막하게 하루하루 보내며 관리자들에게 받은 프린트물만 달달 외우기 일쑤이지요.

그렇다면 골프장 테스트에서 빠르게 합격하기 위한 방법에는 어떤 것들이 있을까요? 어떤 사람들은 '스스로 골프에 대해 잘 알고 있으니 금방 적응할 수 있을 것'이라고 자만하기도 합니다. 하지만 골프를 잘 안다고 해서 골프캐디 일도 처음부터 잘할 수 있는 것은 아닙니다. 골프에 대한 지식은 기본이고, 그 이외에 신경 써야 할 부분들이 많습니다. 바로 서비스적인 측면도 테스트 항목에 들어가기 때문이지요.

골프캐디가 그저 골프에 대한 지식만 갖추는 것으로 그 역할이 끝나는 것이었다면 아마도 우리나라에서 골프캐디라는 직업은 벌써 없어지고 골프 GPS시스템이나 코스 안내 어플들로 대체되었을 것입니다. 오직 사람만이 할 수 있는 서비스를 캐디들이 해내야 하는 것입니다. 골프에 대한 지식은 물론이고, 실제 고객들에게 제공할 서비스의 질과 함께 같이 근무하는 동료 캐디들에 대한 태도 역시 테스트에서 검토되는 사항이라는 것을 기억해야 합니다. 골프를 안다고 해서 캐디를 아는 것은 아닙니다. 혹시 테스트에서 자주 떨어진다면 이 부분을 간과한 것은 아닌지 스스로 검토해보아야 할 것입니다.

Success Story

인터넷 속 골프캐디의 허와 실

인터넷이 발달하면서 짧은 시간 동안 세상이 참 빨리 바뀌어가고 있습니다. 골프캐디라는 직업도 인터넷에 의해 바뀐 점이 참 많습니다. 이로 인해 물론 좋아진 점도 많지만 얼토당토않은 루머들이 생겨나기도 했지요.

일반적인 직업과 다른 방식으로 접근해야 하는 골프캐디라는 직업을 소득이 많다는 이유로 무작정 시작했던 사람들이 남기는 실패 스토리들은 골프캐디라는 직업의 이미지를 이상하게 변형시키기 쉽습니다. 제 주변에서만 해도 인터넷에서 골프캐디에 관한 소문을 접하고 이 일을 선택하기가 꺼려졌다는 이야기를 많이 들을 수 있습니다.

"골프캐디, 3년을 고민만 하다가 찾아왔습니다. 너무 겁이 났거든요. 이제는 한캐사를 통해 한번 도전해보려고요."

한국캐디사관학교를 찾아오는 분들 중 여자분들의 경우 이러한 생각 끝에 오는 분들도 계십니다. 저 역시도 처음에 골프캐디를 해보고자 마음먹었을 때 소득이 많다고 하는 것이 그냥 취업사이트에서 매출을 올리기 위해 과대광고를 하는 것은 아닐까 하는 의심을 참 많이 했습니다. 그리고 인터넷에서 쉽게 접할 수 있는 부정적인 이야기들이 그 근거일지도 모른다는 생각을 했었지요. 하지만 실제로 골프캐디가 된 이후 오해가 참 많은 분야였다는 것을 깨닫게 되었습니다. 마치 번지점프를 하기 전에는 너무나도 겁이 나지만 막상 뛰고 나면 속이 후련해지는 것처럼 골프캐디도 올바르게 이해하고 용기를 낼 수만 있다면 100일 만에 연봉 4천만 원 만들기가 충분히 가능한 직업이었습니다.

일반적으로 평범한 사람이 취업하기로 마음먹고 실제로 취업에 성공하기까지는 보통 6개월이 걸린다고 합니다. 이직을 하는 것도 비슷한 시간이 걸린다고 하고요. 어쨌든 그렇게 취업을 해도 결국 한 달이 지나야만 급여가 내 손에 들어오죠. 하지만 골프캐디는 직업의 특성상 번호를 받은 정식 캐디가 되고 난 그날부터 소득이 발생합니다. 또 여태 알려드린 대로 고소득과 근무 시간 이후의 여유로운 시간이 보장되지요.

분명 골프캐디는 여러모로 장점이 많은 직업이지만 취업사이트들에서는 밑도 끝도 없이 소득이 많다는 것만을 강조하고 있습니다. 결론적으로 취업사이트들은 취업준비생들과 골프장을 각각 소개해주는 역할만 할 뿐 정녕 그들을 제대로 안내하는 역할은 하고 있지 않은 것입니다.

이미 인터넷에서 조금만 검색해보아도 캐디들을 구하는 골프장의 구인광고들을 굉장히 많이 찾아볼 수 있습니다. 하지만 이 취업사이트들은 일반 사람들이 골프캐디라는 직업을 제대로 알지 못한다는 것을 이용해 이미 어딘가에 올라와 있는 골프장의 구인광고를 그대로 보여주고 수수료를 받는 것뿐이지요. 그렇다 보니 여러 취업사이트들을 보고 있자면 그저 서로 경쟁하듯이 캐디를 희망하는 취업준비생들을 유혹하는 내용을 강조해 구인광고를 올리는 데에만 혈안이 되어 있는 듯합니다.

상황이 이렇다 보니 취업사이트의 골프캐디란에는 그저 소득이 많다고 강조하는 구인광고만이 넘쳐납니다. 물론 이것이 골프캐디가 되기를 희망하는 사람들에게 꼭 나쁘게만 작용하는 것은 아닙니다. 왜냐하면 골프캐디라는 직업을 일반적인 사람들은 잘 알지 못하고, 또 사람을 구하는 골프장이 어딘지 몰라서 헤매는 캐디 희망자들도 많으니까요. 그런데 사실 취업사이트에 올라온 골프장의 구인 정보가 중요한 것이 아닙니다. 오히려 그보다는 골프장에 입사한 이후 정식 캐디가 되기 위한 테스트에서 합격할 수 있는 방법을 익히는 것이 더욱 중요하지요.

인터넷의 발달로 정보의 평등화가 이루어진 지금 시점에 개개인의 이야기들은 그 내용을 읽는 사람들에게 어떤 식으로든 영향을 미칩니다. 어떤 사람이 어떤 생각으로 이야기했느냐에 따라 그 글들은 읽는 사람으로 하여금 새로운 가능성을 확인시켜주기도 하고, 혹은 절실한 희망을 꺾어버리기도 합니다. 저 역시도 책이나 웹서핑을 통해서 알게 되는 감동적인 이야기에 영향을 받기도 하고, 긍정적이지 못한 글에는 마음이 무척 상하기도 합니다. 그래서 가능하면 인터넷상에 보다 많은 사람들에게 감동을 주는 이야기가 가득하기를 바랍니다.

골프캐디의 경우 인터넷보다는 캐디들의 입에서 입으로 전해지는 감동적인 스토리들이 더 많습니다. 가령 엄마와 두 딸들이 골프캐디를 하면서 매년 1억씩 모은 돈으로 3년 만에 자신들의 집을 마련한 이야기, 열심히 캐디를 하면서 모은 돈으로 사들인 부동산의 가치가 운 좋게 올라서 이제는 어느덧 집이 네 채나 되어버린 사람의 이야기, 부모님에게 의지하기보다는 스스로 자립하기 위해 골프캐디가 되어 자기 사업에 성공한 청년들의 이야기까지 감동적이고 긍정적인 이야기들은 셀 수도 없이 많습니다.

이제는 제대로 알지 못하고 뛰어들었다가 골프캐디 일에 실망한 사람들의 부정적인 이야기보다는 골프캐디를 통해 온전히 자신의 노력만으로 새 희망을 찾아가는 사람들의 감동적인 진짜 이야기들을 더 많이 만나고 전달해주고 싶은 마음입니다. 결국 누구나 잘살 수 있다면 사람들 사이의 사소한 다툼은 없어질 테니까 말이죠. 아니, 최소한 금전적인 문제 때문에 다투는 문제만이라도 없어질 수 있다면 개개인의 삶이 보다 더 윤택해지지 않을까요?

캐디 취업자들을 위한 올바른 교육이 필요할 때

갈수록 살기 어려워지는 세상 속에서 금전적인 문제에 시달리기는 개인이나 기업이나 마찬가지입니다. 이 때문에 취업 면접이 점점 더 어려워지는 것인지도 모르겠습니다. 기업에서는 어쨌든 비용을 최소화하고 회사에 도움이 될 만한 사람을 선발해야 하기 때문입니다. 골프캐디도 예외일 수는 없습니다. 다른 직업에 비해 스펙이 중요하지 않고, 자격증이 필요치 않은 직업이기는 하지만 적어도 캐디로서의 기본적인 능력은 갖추고 있어야 합니다. 당연히 그렇게 준비된 사람이 취업에 성공할 확률도 높아지겠지요. 이러한 이해관계를 미처 알지 못하고 면접에서 떨어진 사람들은 더러 이렇게 이야기합니다.

"경력자들만 뽑는다고 해서 지원을 포기했어요."

이제는 골프장 측에서도 초보 캐디들이 골프장 테스트를 통과하기 이전에 스스로 그만두거나 혹은 기본적인 준비조차 되어 있지 않은 경우가 많다는 사실을 알기에 애초부터 신입들을 배제하고 오직 경력 있는 사람들이 오기만을 바라기도 합니다.

사실 아무것도 모르는 초보 캐디들을 정식 캐디가 될 수 있도록 교육하는 것조차도 골프장 입장에서는 리스크를 안고 시작하는 것과 같습니다. 골프캐디라는 직업의 특성을 제대로 이해하지 못한 상태에서 혹독한 골프장 교육을 견디지 못하고 튕겨져 나가는 교육생들이 많기 때문이죠. 그렇다 보니 대부분의 골프장에서는 신입 캐디보다 경력이 있는 사람들을 최우선적으로 선호하고 있는 상황입니다.

골프장에서 경력자들을 선호하는 이유는 초보 캐디들에게 기대할 수 있는 부분이 별로 없기 때문이지요. 결국 우리나라의 골프장들은 반드시 골프캐디를 필요로 하고, "골프장의 꽃은 캐디!"라는 말이 있는 것처럼 능력 있는 캐디들이 많은 곳일수록 골프장의 매출도 달라질 수 있습니다.

어찌 보면 예비 캐디들이 느끼기에는 무언가 장벽이 있는 것처럼 보일 수도 있겠지만 앞서 말씀드린 것처럼 분명 아무것도 모르는 초보라도 캐디가 되기 위해 이런저런 준비를 해왔다는 것을 제대로 어필할 수만 있다면 골프장 관리자들도 관심 어린 눈으로 예비 캐디들을 바라볼 것입니다. 실제로 인정받는 경력자들과 아직 아무것도 검증되지 않은 초보 캐디들 사이에 보이지 않는 벽이 존재하기는 하겠지만 어찌 되었든 간에 골프캐디는 개인사업과 같은 일이고, 결국 실력을 검증받고 자신의 장점을 제대로 어필할 수만 있다면 어느 골프장에서도 러브콜을 보내올 것입니다.

골프캐디를 처음 접했음에도 불구하고 한국캐디사관학교를 통해 골프캐디를 준비하신 분들의 이야기를 들어보면 선배 캐디나 캐디마스터에게 "너 혹시 다른 골프장에서 일하다가 온 것이 아니니?"라는 이야기를 굉장히 많이 듣는다고 합니다. 애초에 이런 식으로 캐디가 되기 위해 준비를 해오는 초보 캐디들이 많지 않다는 증거라고 할 수 있습니다. 이렇듯 처음 캐디를 하려고 하는 사람들도 준비된 자세로 임한다면 분명 경력자들에게만 주어졌던 기회들을 얻을 수 있을 것입니다.

대부분의 골프장에서는 초보 캐디들에 대한 교육이 굉장히 미흡한 실정입니다. 초보 캐디들에게 도움이 되는 교육이 이루어진다면 당연히 초보 캐디들이 골프장에 제대로 적응할 수 있어야 합니다. 하지만 골프장 교육의 대부분은 오히려 초보 캐디들을 도망치게 만드는 결과를 가져오고 있습니다. 그 이유는 결국 골프장의 운영상에 문제가 있습니다. 애초에 골프장에서도 개인사업자의 자격을 가지고 있는 캐디들을 책임질 이유는 없기 때문입니다.

분명 소득은 많은 직업이지만 여러 가지 발생할 수 있는 문제들에 대한 대처 방법은 부족한 것이 골프캐디입니다. 부상당하는 것부터 시작해서 여러 가지 문제들에 노출되는 것까지 개인사업자의 영역에 있기 때문에 미흡할 수밖에 없는 것이지요. 소득은 많을지언정 문제가 발생한 부분에 대해서는 결국 자신이 해결해야 하므로 처음부터 이 부분을 제대로 인지하고 시작하는 것이 좋습니다.

이런저런 따져봐야 할 것들이 많기는 하지만 결국 소득적인 측면에서는 골프캐디가 일반적인 직업보다 월등한 것이 사실입니다. 따라서 인간이 위험한 불을 다루면서 삶이 더욱 윤택해진 것과 같이 충분히 분석하고 보다 나은 방법을 찾는 자세가 요구되는 시점입니다. 그리고 그 핵심에는 골프캐디로서 적응할 수 있는 제대로 된 교육이 반드시 존재해야 합니다. 이것이야말로 취업 문제로 괴로움을 겪는 사람들과 항상 캐디가 부족한 골프장들이 서로 윈윈 할 수 있는 해결점이라고 할 수 있습니다.

Success Story

골프캐디의 길을 안내해줄 멘토를 찾아라

"무슨 골프캐디를 한다고 그래! 그런 이상한 직업을 하겠다고?"

돌이켜보면 이해할 수 없는 일투성이였습니다. 제가 처음 골프캐디를 하겠다고 했을 때 주변에서는 반대가 참 심했습니다. 소득이 많은 직업을 해보겠다는데 왜 그렇게 반대를 하는지 저는 이해할 수가 없었습니다. 그리고 지금도 제 주변에서는 골프캐디를 하겠다고 마음먹었다가 부모님이나 지인들의 반대로 다시금 인생에서 도약할 수 있는 기회를 포기하는 친구들이 많습니다. 분명 젊은 시절에 소득 많은 직업을 선택한다면 훗날 자신에게 투자할 수 있는 여력도 많아질 텐데 특별히 좋은 방법을 제시해주지도 않는 주변 사람들의 의견을 따르는 경우가 많습니다.

골프캐디가 소득이 많고 딱히 많은 스펙이 필요하지 않는 직업임에도 불구하고 일반인들이 쉽게 접근하기 어려운 장벽이 무엇인지 오랫동안 따져보았습니다. 그리고 이러한 장벽으로 인해 생기는 오해들을 타파할 방법을 고민해봤습니다. 결국 누군가 기준을 세워주지도 않고, 제대로 안내해주지도 않는 환경 속에서 무작정 뛰어들었다가 실패한 사람들의 좌절 경험만 전파되면서 오랫동안 음지에 머물러 있게 된 것이 아닌가 생각해보게 되었습니다.

마치 사람들이 잔뜩 기대를 하고 맛집을 찾아갔다가 실망하게 되면 인터넷상에서 악플을 다는 것과 같이, 골프캐디라는 직업에 대해서도 쉽게 고소득을 기대했다가 예상치 못했던 상황에 봉착하면 헐뜯어온 것입니다. 물론 이것이 전적으로 예비 캐디들의 실수는 아닙니다. 애초에 골프캐디라는 직업이 알리고 취업준비생들에게 안내하고 있는 사람들의 잘못입니다. 골프캐디라는 직업이 아무런 조건 없이 고소득을 보장한다고 취업준비생들을 현혹하고 있는 사람들 말입니다. 이들은 대부분 소득이 많다고 강조하기만 할 뿐 골프캐디가 되기 위해 필요한 정보는 전혀 제공하지 않습니다. 자동차가 굴러가기 위해서는 엔진이 필요한데 엔진이 될 수 있는 요소들은 알려주지 않은 채 이들은 화려한 껍데기만을 강조하는 셈입니다.

프랑스의 사상가 장 폴 사르트르는, "인생은 B(Birth)와 D(Death)

사이의 C(Choice)다"라는 명언을 남겼습니다. 결국 어떤 선택을 하느냐에 따라 인생이 결정됩니다. 올바른 선택을 하기 위해서는 현실적으로 올바른 조언을 받아들일 수 있어야 할 것이며, 이러한 조언을 해줄 수 있는 사람은 결국 올바르고 건강한 생각을 하고 있는 사람일 것입니다. 이런 사람들을 우리는 '멘토'라고 합니다. 일반적인 사람의 시각으로 절대 이해할 수 없는 골프캐디의 분야야말로 이와 같은 멘토가 반드시 필요한 분야라고 할 수 있습니다.

결국 골프캐디의 장점을 제대로 보고 단점을 보완할 수 있는 시스템을 갖추어야 취업준비생들, 캐디들, 그리고 그들을 관리하는 골프장들이 상생할 수 있을 것입니다. 또 무엇보다 현직에 있는 골프캐디들의 사회적 대우도 달라질 것입니다. 골프캐디에게는 반드시 멘토라는 것이 필요하고, 제대로 알려주고 현실적인 문제를 명확히 짚어주는 전문가가 필요합니다.

Success Story

캐디 면접관들이 불합격시키는 골프장 면접 행동

골프캐디가 되기 위해서는 최종적으로 골프장의 테스트에서 합격해야 하지만 그전에 기본적으로 일반 회사와 같이 면접을 봅니다. 그런데 많은 사람들이 착각하는 것 중의 하나가 일반적인 회사에 입사하는 것과 같이 골프캐디도 면접에 모든 역량을 쏟아야 한다고 생각한다는 것입니다. 면접을 대충 보아도 된다는 말은 아니지만 면접보다는 오히려 면접 이후에 있을 골프장의 테스트에 더 신경 써야 진정한 골프캐디가 될 수 있습니다. 상황이 이러함에도 골프캐디를 처음 접하는 사람들의 경우 면접에서 통과하는 일조차 쉽지 않을 수 있습니다.

"다시 연락드리겠습니다."

구직자들이 가장 듣고 싶지 않은 면접관의 말이라고 하는데요. 시간과 노력을 들여 힘들게 면접을 보고서 면접관들에게 이런 말을 들어서는 안 되겠죠? 일반적인 직장에 비해 면접을 통과하기가 쉬운 편이긴 하지만 캐디 면접에서도 떨어지는 사람들이 있다는 것은 그만큼 준비 안 된 사람들이 도전을 한다는 것이라고 볼 수 있습니다.

"저는 ○○고등학교를 졸업하고 ○○를 전공하였으며 이 회사에 지원하기 위해 자격증까지 갖추는 노력을 해왔습니다……."

"제가 이 회사를 선택한 이유는 두 가지입니다. 첫 번째 국내에서 손꼽히는 회사라고 알고 있고……."

철저하게 회사의 입장에서 자신의 장점을 최대한 어필해도 부족할 판국에 이렇듯 천편일률적이고 지루하기 짝이 없는 말들을 늘어놓는다면 그 어떤 직업이라도 면접관의 마음을 사로잡기가 어렵습니다. 면접관들은 비슷비슷한 사람들 사이에서 보다 나은 사람을 선발해야 하기 때문에 평범한 멘트와 이력은 오히려 독이 될 수 있습니다. 마치 우리가 점심을 먹기 위해 별다른 특징 없는 여러 중국집을 두고 오랫동안 고민하는 것처럼 면접관들 역시도 비슷비슷한 취업준비생들을 놓고 오랫동안 고민할 수밖에 없습니다.

골프캐디 면접에서 좋은 점수를 받기 위해서는 골프장의 입장에 맞춰 구성하는 것이 옳습니다. 캐디가 되기 위한 과정으로 면접을 성공적으로 마쳐야만 골프장 관리자들과 선배 캐디들에게 좋은 인상을 남겨 이후에 있을 교육에서도 순탄한 시간을 보낼 수 있습니다.

PLUS TIP

초보 캐디들을 위한 골프 용어

• **에이지 슈트** age shoot

라운드를 자신의 나이 또는 그 이하의 타수로 경기하는 것. 에이지 슈트를 해내는 사람을 '에이지 슈터'라고 한다. 남자는 18홀 6,000야드 이상, 여자는 18홀 5,400야드 이상의 코스 규모에서 해야 한다는 규정이 따로 있다.

• **에이프런** apron

그린의 가장자리를 말하며, '프린지'라고도 한다. 이 부분의 풀은 페어웨이 풀보다는 짧으나 그린 표면의 풀보다는 길어 구분이 된다.

• **에버리지 골퍼** average golfer

중간 정도의 실력을 가진 일반 골퍼. 보통 핸디가 15~18 정도 되는 골퍼를 말한다.

• **블라인드 홀** blind hole

티 그라운드에서 그린이 가려져 보이지 않는 홀을 뜻한다.

• **보기 플레이어** bogey player

1홀 평균 스코어가 보기로서 끝내는 골퍼를 말한다. 즉, 1라운드를 90타 전후로 치는 사람으로 에버리지 골퍼와 같은 뜻이다.

• **브리티쉬 오픈** british open

세계에서 가장 오랜 전통을 가진 권위 있는 골프 대회로 매년 7월에 열린다.

• **캐주얼 워터** casual water

워터 헤저드를 제외한 코스에 있는 물을 말하는 것으로, 여기에서는 페널티 없이 공을 들어 올릴 수 있으며 닦을 수도 있다.

• **캐리드 오너** carried honor

첫 홀에서 동점이 된 경우에 다음 홀에서도 이전 오너가 우선권을 갖는다는 뜻이다.

• **컨시드** concede

홀 매치(hole match) 게임에서 그린 위의 공을 원 퍼트(one putt)로 홀인(hole in)시킬 수 있다고 인정한 경우 이후의 퍼트를 면제해주는 것이다.

• **엣지**(edge)

그린, 벙커, 홀컵의 가장자리

• **레이 업** lay-up

가능성 있는 어려움을 피하려고 매우 보수적으로 플레이하는 샷

• **롱 히터** long hitter

볼을 멀리 날리는 플레이어, 장타자를 지칭한다.

• **포어** fore
앞쪽의 플레이어나 코스의 인부 등에게 지금 볼이 날아간다고 알리는 신호로서 한국에서는 "볼" 하고 외친다.

• **핸드 메시** hand mashie
스윙이 아닌 손으로 볼을 쳐내는 속임수를 말한다. 미국이나 유럽의 골프 코스는 워낙에 방대하고 해저드도 깊은 곳이 다반사여서 벙커 속에 들어가면 상대편의 눈에 띄지 않는 경우가 많아 스윙을 하는 것처럼 하며 손에 쥔 볼을 벙커 밖으로 던지는 속임수를 쓰기도 한다. 이와 유사하게 러프 지역에서 발로 쳐내는 속임수를 '풋(foot) 매시'라고 한다.

• **멀리건** mulligan
최초의 샷이 잘못되어도 벌타 없이 주어지는 세컨드 샷을 말한다. 과거에 실력 차가 현격히 나는 골퍼들과 경기를 치르던 중 도저히 동등하게 경기를 하기 힘들자 다시 칠 수 있는 기회를 달라고 요청한 멀리건이라는 사람의 이름에서 유래되었다. 흔히 '몰간'이라고도 부른다.

• **샌드배거** sandbagger
자신의 능력 또는 핸디캡에 관해서 거짓말을 하는 골퍼

• **샷 건** shot gun
산탄총처럼 수많은 총알이 한꺼번에 발사된다는 뜻으로, 골프에서는 각 홀의 티 그라운드에서 동시에 시작하는 방식을 말한다.

• **스크래치** scratch
상대편에게 핸디캡을 붙이지 않는 것, 또는 핸디캡이 제로(0)인 것

• **스킨스 게임** skins game
매 홀마다 상금이 걸려 있는 경기. 만약 동점자가 나오면 상금은 다음 홀로 미뤄진다. 보통은 네 명이서 핸디캡을 감안해 일정 금액을 걷어서 각 홀당 상금을 배정하고 진행한다.

• **티오프** tee-off
티샷을 하는 행위로 플레이의 시작을 의미하기도 한다.

• **언더 리페어** under repair
코스 내에 일시적으로 공사나 작업 중인 맨땅 또는 물이 고여 있는 곳으로, 일시적으로 플레이를 할 수 없는 지역을 뜻한다. 코스 내의 지역으로 페널티 없이 볼을 옮겨 드롭 할 수 있으며, 볼이 이 지역 밖에 있어도 플레이어가 그 지역에 서게 되어 플레이에 방해가 된다면 볼을 옮길 수 있으며 닦을 수도 있다.

• **언플레이어블**(unplayable)
볼을 도저히 칠 수 없는 지역(돌담, 나무뿌리, 낭떠러지 등)에 볼이 들어간 경우 선언을 하고 규정에 따라 경기를 계속할 수 있도록 하는 상황 1벌타를 가하고 두 클럽 이내에서 드롭한다.

CHAPTER 5

20대 청춘을 위한 실전 골프캐디 노하우

골프캐디가 소득이 많고 다른 직업에 비해 문턱도
낮아 보이지만 면밀히 따져보면 생각해보아야 할 것들이
많습니다. 무엇보다도 골프캐디를 하려는 사람에게 있어서
이러한 사항들은 인생의 대들보 역할을 합니다.
입사 이후 일을 배우면서 소득을 누리는 일반적인 직업과 달리
골프캐디는 먼저 일을 제대로 할 줄 알고 소득을 가져가는
직업이라고 볼 수 있습니다.
그리고 나의 실력은 입사한 골프장 안에서 검증될 것이고요.

Success Story

매일 들어오는 소득 때문에 초심을 잃지 마라

"굳이 골프캐디가 필요한가요?"

일반적으로 잘 알려진 바도 없고, 또 제대로 된 전문가도 없는 골프캐디. 골프캐디의 기준이 모호하고 애매한 부분들이 많다 보니 골프장들도 항상 많은 고민을 합니다. 하지만 그럼에도 불구하고 골프장에서는 "골프장의 꽃은 골프캐디다!"라는 말을 누구나 강조할 정도로 골프캐디의 역할은 중요하지요.

여태껏 골프장과 관리자들, 그리고 골프캐디에 대해 살펴보았다면 이제는 살짝 눈을 돌려 골퍼들의 입장에 대해서도 한 번쯤은 생각해보아야겠습니다. 골퍼들이야말로 골프캐디가 존재하는 가장 확실한 이유니까 말이죠. 골퍼, 골프장, 골프캐디, 이 세 그룹의 이해관계 속에서 골프캐디의 역할이 너무나도 중요하다는 사실은 분명합니다. 그 이유는 해외와는 다르게 국내 골프장에서는 반드시 골프캐디가 필요하기 때문입니다. 하지만 이러한 사정을 개의치 않는 일부 골퍼들에 의해 '노캐디제', 즉 캐디 없이 골프를 치고 싶다는 의견들이 최근 하나둘 나오고 있습니다. 이는 결국 캐디의 서비스에 불만족을 느낀 골퍼들에 의해 나오는 의견이라고 볼 수 있습니다.

부족한 캐디의 수요 문제를 해결하기 위해 골퍼들의 의사와 상관없이 캐디피를 인상한 것도 노캐디제를 주장하는 하나의 이유로 작용하고 있습니다. 캐디피가 인상되었다면 그에 상응하는 서비스의 개선도 이루어져야 하지만 사실 캐디들의 서비스는 크게 달라지지 않아 골퍼들의 반발을 사고 있는 것이지요. 이 때문에 실제로 일부 손님이 적은 골프장에서는 노캐디제를 실시하고 있기도 합니다.

골프업계의 문제점들이 조금씩 드러나는 가운데 결국 이 문제의 실마리를 쥐고 있는 캐디들이 할 수 있는 일에는 어떤 것들이 있을까요? 바로 제대로 된 역할을 수행할 수 있는 실력을 키우고, 캐디피가 상승한 만큼 서비스의 질도 높이려는 노력만이 골프장과 골퍼들에게 치이지 않고 당당하게 맞설 수 있는 방법입니다. 골프캐디가 아무래도 프리랜서에 가깝다 보니 이러한 변화의 바람에 취약할 수밖에 없는 상황인 만큼 이제부터라도 변화를 꾀하는 자세가 필요합니다.

지금 현역에 있는 캐디들도 캐디피는 상승했는데 과거와 달라지지 않은 서비스를 제공하면서 매일매일 만나는 골퍼들의 눈치를 보며 근무하기보다는 변화를 감지하고 서비스의 질을 개선할 수 있는 방법들을 개발해야 합니다. 그렇게 하기 위해서는 매일 들어오는 소득에 만족하기보다는 스스로 차별화될 수 있게끔 자신에게 투자하고 공부해야만 하겠지요? 어찌 되었든 골프캐디는 프리랜서와 같은 직업이기 때문에 결국 자신이 어떻게 하느냐에 따라 소득도 달라질 수밖에 없습니다.

일부 현역 캐디들은 이러한 사실을 인지하고 더 많은 소득을 위해, 스스로 서비스를 개선하기 위해 무엇을 하면 좋을지 고민하기도 하는데요, 종종 골프장에서 말하는 '고객만족'에 대해 많은 의문을 갖기도 합니다. 골프장에서는 캐디들에게 고객만족을 강조하지만 결국 어떤 서비스가 골퍼들에게 감동을 주는지에 대해서는 알려주지 못한다는 점이 문제라는 것이죠. 골퍼들이 어떤 서비스에 만족하고 지갑을 여는지 아무도 모른다는 사실이 문제인 것입니다.

결국 캐디 스스로 변화의 바람을 깨닫고 이제부터라도 무언가 달라질 수 있는 해답을 찾아나서야 합니다. 그저 골프장에서 공유해주는 골퍼들을 상대하면서 천하태평하게 하루하루 벌어들이는 소득에 만족하며 시간을 때워서는 안 됩니다. 이제부터라도 상승한 캐디피에 걸맞은 서비스의 질적 향상을 위해 캐디로서 할 수 있는 역할에는 무엇이 있는지 생각해보아야 합니다.

많은 사람들이 골프캐디가 되기 전의 목표를 잊어버리고 매일매일 들어오는 소득에 만족하며 현실에 안주하는 모습을 보입니다.

'부모님에게 자랑스러운 자식이 되고 싶다.'

'훗날 내 사업을 하기 위한 밑천을 마련하고 싶다.'

'이제 지긋지긋한 가난에서 벗어나 내 아들, 딸들만큼은 돈 때문에 눈물 흘리지 않게 하고 싶다.'

이런 사연을 가진 분들도 골프캐디가 되고 얼마 지나지 않아 처음의 목표를 잊어버리는 경우가 너무나도 많습니다. 그렇게 목표를 잊어버리기 쉬운 이유는 결국 매일매일 일하면 들어오는 소득에 있습니다. '내일 다시 일하면 돈을 또 벌 수 있으니까'라는 생각에 빠져 처음의 간절했던 바람을 잊어버리는 것입니다. 처음에 캐디를 시작했던 이 원동력이 오랫동안 남아 있다면 분명 캐디를 하면서 더 나아질 수 있는 방법에 대해 고민하기도 하겠지만 대부분 그렇지 않고 매일매일 들어오는 소득에 만족해하는 모습이 한편으로는 안타깝습니다. 결국 이러한 고민들이 자신을 바꾸고 그렇게 바뀐 태도는 다른 사람들에게 긍정적인 영향을 주는 것인데 말이죠. 기왕 캐디가 되기로 한 이상 골프장에서 한껏 빛나는 캐디가 되어보는 것은 어떨까요?

골프캐디에 대해 잘 모르는 사람들 중 일부는 골프캐디를 '짐꾼'

이라고 표현하기도 합니다. 심지어 그냥 골프채나 날라다주는 것이 전부라고 표현하며 스스로를 짐꾼처럼 생각하는 캐디들도 있습니다. 고작 돈이나 많이 버는 짐꾼이 되기 위해 캐디라는 직업을 선택한 것은 아니겠지요?

분명한 목표를 가지고 일하는 사람은 40~120명이나 되는 골프장의 캐디들 중에서도 빛이 납니다. 골프캐디라고 다 같은 골프캐디가 아니라는 말이지요. 그냥 짐꾼이 되느냐, 진정한 골프캐디가 되느냐는 어떤 목표를 가지고 있으며, 얼마나 그 목표를 향해 열심히 전진하느냐에 따라 결정됩니다. 그리고 까다로운 골퍼들은 느낌으로 이를 감지하기도 하지요.

'오늘 캐디는 그냥 짐꾼 같겠군.'

'이번 캐디는 오늘 라운드에 도움을 많이 주겠는걸.'

그냥 골프채를 운반해주는 짐꾼 같은 골프캐디, 훌륭한 어드바이스로 만족스러운 경기를 이끄는 골프장 전문가. 여러분이 골퍼라면 어떤 골프캐디와 함께하고 싶을까요? 결국 어떤 생각을 가지고 임하느냐에 따라 짐꾼이 되느냐, 특별히 빛나는 캐디가 되느냐가 결정될 것입니다.

Success Story

골프장이라는 정글 속에서 살아남는 법

골프캐디는 아무래도 프리랜서라는 특성상 결국 혼자 살아남는 방법을 터득해야 합니다. 그나마 도움을 얻을 수 있는 캐디 마스터의 경우에도 많은 초보 캐디들에게 일일이 신경 쓰기란 쉽지 않습니다. 생각해보세요. 여러분이라면 혼자서 적게는 40명, 많게는 120명이나 되는 캐디들을 모두 통솔할 수 있을까요? 혼자서 말이죠.

날마다 이루어지는 라운드를 관리해야 하는 캐디 마스터는 캐디들의 관리, 내장객 응대는 물론 골프장 사장님 지시 등의 업무를 혼자서 해내야 하다 보니 이제 막 골프장에 입문한 캐디들까지 세심하게 교육하고 관리하기가 쉽지 않습니다. 또 설령 초보 캐디들에게 지극정성을 쏟는다고 해도 골프장 생활에 적응하지 못하고 그만두기 일쑤이다 보니 초보 캐디들을 관리하고 교육하기보다는 차라리 사람을 많이 뽑아서 운영하는 방식이 더 효율적이라고 생각하는 경우가 많습니다.

초보 캐디들을 관리하는 것은 골프장에서 반드시 해야 할 일이긴 하지만 현실적으로 쉽지 않은 여건에 있습니다. 전후 사정이 이렇다 보니 정식 캐디가 되는 사람이 많지 않았던 것이죠. 좀 여유가 있는 골프장들에서 초보 캐디를 선발하지 않는 이유도 여기에 있습니다. 여건이 좋은 골프장 같은 경우에는 경력 있는 캐디들 사이에서 입소문이 돌아서 입사 희망자들이 줄을 서 있기 때문입니다. 그렇다 보니 이런 경우에는 아예 초보 캐디들을 선발하지 않는 것이죠. 또 골프장에서는 좋은 인재를 선발하는 것이 운영상 이득인 상황에서 초보 캐디들을 교육시키는 것은 낭비라고 판단하는 것입니다. 그렇다고 이런 골프장을 무조건 나쁘다고 할 수는 없습니다. 각 골프장들마다 현실적으로 더 나은 운영을 위한 어쩔 수 없는 선택이기 때문이죠. 결국 경력 캐디들과 골프장들과의 이해관계가 형성되어 있는 시스템 안에서 초보 캐디들은 아무래도 다소 불리한 위치에 놓여 있는 것이 사실입니다.

세상 어디에나 위계서열이 있고, 물건과 서비스에도 질과 격이 있습니다. 이를 '품격'이라고도 하지요. 일반적인 직장에서는 이러한 기준을 출신 대학, 자격증과 같은 것으로 판단한다면 그런 것들을 중요시하지 않는 골프캐디의 세계에서는 오직 캐디 개개인의 서비스 실력이 골프장에서 인정받는 잣대가 됩니다. 그리고 이러한 업계의 룰은 보통 캐디 생활 2~3년차 정도가 되면 보이기 시작합니다.

초보 캐디들의 경우에는 이러한 업계의 암묵적인 룰을 이해하지 못하는 경우가 많습니다. 무식하면 용감하듯이 초보 캐디들의 경우 캐디 생활을 하면서 많은 좌충우돌을 겪을 가능성이 매우 높습니다. 예를 들어 소득도 더 높고 근무 여건도 좋은 골프장에 입사할 수 있는 기회를 저버리고 평판이 좋지 않는 골프장을 선택할 수도 있고, 자신에게 입사 조건이 맞지 않는 골프장을 목표로 하다가 시간과 비용을 날리는 사람들도 많지요.

골프캐디가 소득이 많고 다른 직업에 비해 문턱도 낮아 보이지만 면밀히 따져보면 생각해보아야 할 것들이 많습니다. 무엇보다도 골프캐디를 하려는 사람에게 있어서 이러한 사항들은 인생의 대들보 역할을 합니다. 입사 이후 일을 배우면서 소득을 누리는 일반적인 직업과 달리 골프캐디는 먼저 일을 제대로 할 줄 알고 소득을 가져가는 직업이라고 볼 수 있습니다. 그리고 나의 실력은 입사한 골프장 안에서 검증될 것이고요.

청년 실업 문제가 해가 갈수록 심각해지고 있는 요즘 누구라도 나서서 해결방법을 제시해야 하지만 권한이 있는 사람들조차도 해결

방법을 제시하지 못하고 있으니 문제가 더욱 장기적으로 치닫는 것이 아닐까요? 이제 그 해결책이 될 수 있는 장점 많은 골프캐디라는 직업이 하나의 해결방법으로 제시되어야 할 때가 왔습니다. 여태 그것이 눈에 보이지 않았다면 그것을 미리 본 사람의 주장을 들어보는 것은 어떨까요? 그리고 조심해야 할 것과 과감히 추진해야 할 부분들을 확실히 이해했다면 나머지는 실천하는 일만 남았을 뿐입니다.

타성에 젖기 전 의지를 불태울 수 있는 3가지 방법

골프장 생활에 적응하기가 쉽지 않다 보니 정식 캐디가 되고 난 이후에는 보상심리로 인해 초심을 잃는 경우가 많습니다. 바짝 긴장했던 마음이 느슨해지는 것이지요. 이 시기를 잘 견뎌내면 앞으로도 오랫동안 골프캐디 생활을 지속할 수 있지만, 주변에 의지할 사람이 없는 초보 캐디들의 경우 이 시기를 현명하게 넘기기가 어렵습니다. 이런 때일수록 왜 골프캐디를 하려고 했는지 다시금 신중하게 자신의 목표를 되새겨보는 것이 중요합니다. 오히려 정신적으로 버티기 어려운 시기일수록 포기하고 싶거나 지금껏 자신이 포기한 것들을 떠올려보며 "왜?"라는 질문을 스스로에게 던져보아야 합니다. 왜 골프캐디라는 직업을 선택했는지에 대해 스스로 정확하게 인지해야만 앞으로도 이 일을 제대로 할 수 있기 때문이지요.

우리들의 인생은 단거리가 아닙니다. 작은 목표를 달성했다고 해서 끝이 나는 것이 아니죠. 골프캐디가 되는 과정이 쉽지 않다 보니 정식 캐디가 된 이후에 목표를 달성했다는 안도감에 자신의 위치를 망각하는 경향이 있는데 힘들고 지칠 때마다 인생은 단거리가 아니라 마라톤과 같다는 사실을 꼭 상기할 필요가 있겠습니다.

정식 캐디가 되고 나서도 자신의 목표를 잊지 않기 위해 스스로 의지를 불태울 수 있는 간단한 방법들을 몇 가지 소개합니다.

먼저 가장 닮고 싶은 선배를 목표로 하는 것이 좋습니다. 분명히 골프장 캐디들 중에서도 성실하다고 소문이 난 캐디가 한둘은 있습니다. 이러한 선배를 눈여겨봤다가 의도적으로라도 친해지도록 노력해야 합니다. 앞에서 인간관계가 중요하다고 했지요? 좋은 인간관계는 인생이라는 긴 마라톤을 지치지 않고 완주할 수 있는 힘을 줍니다. 당연히 캐디 일을 하는 데 있어서도 마찬가지이고요.

다음으로 매일 들어오는 소득에 만족하지 않도록 가계부 쓰는 버릇을 들여야 합니다. '내일도 벌 수 있으니까'라는 생각은 버려야 합니다. 오늘 힘들게 일한 가치를 그날 다 써버리지 않기 위해서는 반드시 가계부를 써서 씀씀이를 바로잡을 수 있어야 합니다.

자신의 목표를 떠올리고 그 목표를 달성하기 위한 구체적인 방법 20가지를 써보는 것도 좋습니다. 구체적으로 목표를 써보는 것이 목표 달성의 첫걸음입니다. 생각만으로는 결코 목표를 이룰 수 없습니다. 반드시 손으로 쓰거나 프린트를 해서 내 목표가 항상 눈에서 잘 보이는 곳에 위치해야 합니다.

캐디로서 소득이 안정화되었다면 내 그릇을 키우기 위한 투자를 아끼지 않아야 합니다. 골프캐디로 인해 금전적인 문제를 해결했다면 이제 나를 위한 공부를 하거나 많은 경험을 쌓아야 합니다. 골프캐디라는 직업을 통해 소득과 공부할 시간이 충분히 주어졌다면 이러한 여유를 낭비하지 말고 자신을 위해 재투자하도록 합시다. 경험상 무료 교육들은 인생에 별 도움이 되지 않으므로 가능하면 유료 교육을 듣는 것이 좋습니다.

어떤 분야든 독학이란 쉽지 않습니다. 목표를 정했으면 그 목표를 달성하기 위한 멘토를 찾아야 합니다. 독학이 어려운 이유는 스스로 기준을 잡기가 어렵기 때문입니다. 얼마큼의 노력이 성과로 바뀌는지 구체적으로 알고 있는 멘토를 찾는 것 또한 공부입니다. 세상에는 믿지 못할 사람이 많지만 한마디, 한마디 경험을 통해 나오는 진짜 노하우들을 알려주는 멘토는 나의 목표를 조금이라도 빨리 달성하게끔 도와줄 것입니다.

끝으로 가벼운 마음으로 이직을 결정해서는 안 됩니다. 특히 동료 캐디의 의견은 참고만 할 뿐 전적으로 의지해서는 안 됩니다. 캐디 생활을 하며 마음이 흔들릴 때마다 보통 결심하는 것이 이직입니다. 당장은 '더러워서 내가 그만둔다'고 생각하며 쉽게 이직을 결정하지만 막상 이직이라는 것도 많은 준비를 해야만 가능한 일입니다. 행여 이직에 실패하게 된다면 또다시 소득 없는 실업자 상태가 된다는 사실을 반드시 명심하고 이직 결정을 하기 바랍니다.

나의 선택이 항상 좋은 결과를 가져오지는 않습니다. 특히 '주변의 친한 캐디들이 하니까 나도 한다'는 것만큼 위험하고 바보 같은 결정도 없습니다. 스스로 올바른 판단을 할 수 없다면 주변에 있는 사람들보다는 가능하면 전문성을 띤 사람들의 의견을 구하도록 합시다. 오히려 멀찌감치 떨어져 객관적으로 판단할 수 있는 사람의 의견이 본인에게 도움이 되는 경우가 많습니다.

Success Story

골퍼들의 마음을 훔쳐 추가 소득을 노려라

전국에 있는 골프캐디들의 소득은 개개인마다 천차만별입니다. 아니, 같은 골프장에 있는 동료 캐디들마저도 소득이 다릅니다. 골프장에서 정해준 기준만큼만 근무를 해도 되며, 보다 많은 소득을 원한다면 좀더 쉬고자 하는 캐디들의 일을 양도 받아서 자신이 근무해도 되기 때문입니다.

무엇보다 우리나라에서는 팁 문화가 아직 생소하지만 유일하게 팁 문화가 잘 정착되어 있는 직업 중 하나가 골프캐디입니다. 이를 '오버피(over fee)'라고 하는데요, 외국이 아닌 우리나라에서도 이 오버피에 대해서는 대체적으로 후한 편입니다. 그렇다 보니 노련한 경력 캐디들의 경우 근무하는 날마다 자신만의 노하우를 십분 발휘해 오버피를 받는 경우가 많습니다. 심지어 어떤 캐디들은 캐디 일로 벌어들이는 소득은 모두 적금을 들어버리고 오버피로만 생활하기도 합니다. 자신만의 노하우를 만들면 일의 양보다는 질을 높여서 적게 일하고 더 많은 소득을 버는 것도 가능한 것이죠.

한 번쯤 골프장을 찾는 골퍼의 입장이 되어본다면 오버피를 주는 기분을 이해할 수도 있으므로 이런 식으로 오버피를 더 많이 받는 방법을 연구해보는 것도 괜찮습니다. 중요한 것은 이러한 노하우들을 골프캐디들끼리 잘 공유하지 않는다는 점입니다. 소문이 나서 너도 나도 따라하다 보면 차별화할 수 없기 때문이죠. 이러한 캐디들의 노력은 골프장의 유행을 만들어내기도 합니다.

지금은 너무나도 당연한 것이 되었지만, 한때 '나비 스티커'라는 것이 캐디들 사이에서 크게 유행을 했습니다. 골퍼가 버디(birdie, 골프에서 기준 타수보다 하나 적은 타수로 공을 홀에 집어넣는 일)를 하게 되었을 때 골퍼의 모자에 훈장처럼 나비 모양의 입체 스티커를 붙여주는 것인데, 이것이 캐디들 사이에서는 오버피를 받을 수 있는 꿀서비스라고 할 정도였지요. 지금은 캐디들 사이에서 너무나 흔한 서비스가 되어서 이제는 "나비 스티커 안 붙여주나요?"라고 오히려 당당하게 요구하는 골퍼들도 있을 정도입니다. 이와 같이 정해진 캐디피뿐만 아니라 오버피를 더 받기 위한 노력을 한다면 다른 캐디들과는 차원이 다른 소득을 누리는 베스트 캐디가 될 것입니다.

저 역시 캐디가 되고 나서 얼마 지나지 않았을 때 한창 돈을 많이 벌고 싶은 마음에 어떻게 하면 오버피를 받을 수 있을지 이런저런 고민을 했었습니다. 마침 한창 무더운 여름이었는데 냉커피에 대한 반응이 좋다는 동료들의 말에 그 다음 날부터 커다란 통에 달콤한 커피를 얼려서 준비하곤 했지요. 평범한 서비스는 골퍼들이 당연하게 생각해 오버피로 이어지는 경우가 없기 때문에 커다란 냉커피를 숨겨놓고서 호시탐탐 기회만 엿보았습니다.

그러던 어느 8월의 굉장히 무더운 날 마지막 라운드 팀을 이끌게 되었습니다. 남자 두 분, 여자 두 분의 라운드였는데 그날따라 경기도 잘 안 풀리고 골퍼 분들은 더위에 지쳐서 조금이라도 더 가면 골프장 코스에서 쓰러질 것 같은 플레이를 하고 있었습니다. 날이 너무 더웠던지라 준비한 냉수도 몇 홀 지나지 않아서 다 마셔버렸고, 골퍼 분들과 함께 저 역시도 애타게 그늘집(골프 휴게소)이 나오기만을 기다리고 있었지요. 그러다가 그늘집이 몇 홀 남지 않은 시점에서 들리는 청청벽력 같은 소리!

"그늘집 퇴근합니다!"

보통 마지막 팀을 남겨놓고서 골프장 직원들이 퇴근을 하는 경우가 많다 보니 그때가 마침 문을 닫는 타이밍이었던 것입니다. 막상 애타게 고대하던 그늘집에 도착하니 문은 굳게 닫혀 있고 여자 골퍼 두 분은 울상이 되어가고 있었습니다. 그 모습을 감지한 저는 '지금이 기회구나!'라는 생각에 꼭꼭 감춰두었던 냉커피를 꺼내 준비한 컵에 양껏 따라드렸습니다. 사막의 한가운데서 갑자기 나타난 오아시스를 맞이한 것처럼 골퍼들의 얼굴에는 행복감이 피어올랐고, 특히 여자 골퍼 분들은 저를 보는 표정이 달라지는 것을 느꼈습니다.

"오늘 너무 감사해서 제 성의 드리고 가요."

그분들은 제게 오버피를 더 얹어주셨고, 그때의 일은 몇 년이 지난 이야기지만 아직도 제 기억 속에 하나의 추억으로 남아 있습니다. 기본적으로 골프캐디는 일반적인 직업에 비해 소득도 좋을뿐더러 팁 문화 역시 잘 정착되어 있어서 조금만 노력하면 소득을 더 가져갈 수 있는 이점이 많습니다. 결국 소득을 늘릴 수 있는 기회가 매일 주어지기 때문에 노력 여하에 따라 자신의 소득을 얼마든지 늘릴 수 있는 것이죠.

골프캐디는 정해진 소득뿐만 아니라 나름의 재미도 느낄 수 있는 직업입니다. 어찌 되었든 기왕 같은 시간 동안 일하는 것, 조금이라도 소득을 더 늘리는 방법이 있다면 서로 머리를 맞대어 연구를 해볼 만한 가치가 있지 않을까요?

과거에 제가 캐디 일을 할 때 이러한 노하우를 공유하고 실전에 써먹을 수 있는 방법을 연구하는 모임이나 배울 수 있는 곳이 있었으면 참 좋겠다는 생각을 했는데, 이제부터라도 모두가 힘을 합쳐 그러한 시도를 해볼 필요가 있다고 생각합니다. 이 모든 것은 골프캐디가 개인사업의 영역에 있는 직업이기에 가능한 것입니다. 이렇듯 여러 가지 가능성이 많이 내재된 직업인 만큼 골프캐디도 이제부터는 제대로 평가되어서 보다 많은 사람들에게 장점을 인정받는 직업이 되었으면 좋겠습니다.

골퍼들의 특징을 파악하는 기준

캐디는 기계가 대신 할 수 없는 일을 하는 직업입니다. 아마도 모든 골퍼들이 똑같다면 캐디라는 직업은 진작에 없어졌을지도 모릅니다. 하지만 모든 사람들이 다르듯 모든 골퍼들도 제각각 다릅니다. 어떤 골퍼들은 고질적으로 슬라이스(slice, 중도에서 오른쪽으로 구부러지는 볼, 골프 초보자가 하게 되는 대표적인 미스샷)만 나는가 하면, 어떤 골퍼들은 그날따라 운이 좋지 않아 해저드(water hazard, 연못이나 호수를 비롯해 강이나 배수로처럼 간간이 이어지는 물줄기 등을 포함한 곳)로만 볼이 향하기도 합니다. 캐디라면 이러한 골퍼들의 특징을 파악하고 있어야 합니다.

골퍼들의 특징으로는 다음과 같은 것들이 있습니다.

» 골퍼의 핸디캡

» 아이언 비거리

»자주 사용하는 우드

»자주 사용하는 어프로치

»골프채를 선택하는 성향

»볼이 날아가는 특징

골퍼가 라운드의 주인공이라면 캐디는 보이지 않는 리더입니다. 그렇기 때문에 골프장에 입장한 골퍼들도 능력 있는 캐디 앞에서는 고분고분 지시를 따르게 됩니다. 한마디로 골프는 캐디들의 보이지 않는 계획과 통제 아래에서 이루어지는 스포츠라고 할 수 있습니다. 골프캐디를 하기 위해서는 이러한 기본적인 능력부터 갖추어야만 합니다.

Success Story

골프캐디, 목표를 위한 과정이자 디딤돌 같은 직업이다

최근에는 평생직장의 개념이 사라진 데다가 오히려 길어진 인간의 수명으로 인해 노후문제까지 떠안게 되었습니다. 그런데 사실 골프캐디라는 직업이 노후 문제까지 해결해줄 수는 없습니다. 골프캐디는 차후 미래에 대한 문제를 해결하기 위한 기반을 마련하는 직업이지 미래의 문제까지 해결해줄 수 있는 직업은 아닙니다.

개중에 어떤 캐디들은 열심히 일해서 노후 자금을 마련할 목적으로 적금을 든다든지, 아니면 나이가 들어서도 소득원이 될 만한 것들을 준비하기도 하지만 캐디로 소득이 안정된 이후부터는 인생의 갈피를 잡지 못하는 사람들이 정말 많습니다. 그저 오늘 벌어들인 소득에 만족하고, 내일이면 얼마든지 다시 벌 수 있다는 생각에 사로잡혀 힘들게 일해서 벌어들인 오늘의 소득을 술 한잔으로 소비하고 마는 것이지요. 다시 말하지만 골프캐디는 노후를 책임질 마지막 직업이 아닙니다. 따라서 '캐디가 되기 위해 이만큼 고생했으니 이제 인생을 즐겨야겠다'는 마인드로 하루하루를 낭비해서는 안 됩니다.

한편 처음부터 목표를 명확히 세워둔 사람들은 한눈에 보기에도 보통의 평범한 캐디들과는 느낌부터가 다릅니다. 하루 종일 근무하면서도 크게 스트레스를 받지 않고, 조금이라도 쉽게 일하기 위해 잔머리를 쓰거나 몰래 꼼수를 쓰지도 않고, 다른 캐디들이 꺼려하는 골퍼들마저도 도맡아 라운드 하며 오버피까지 받아내곤 합니다. 과연 이들에게는 어떠한 노하우가 있기에 평범한 캐디들이 하지 못하는 일들을 해내는 것일까요? 이들은 한마디로 캐디 일을 일로서 바라보지 않습니다. 그저 자신이 이루고자 하는 목표를 위한 하나의 과정으로 생각합니다. 이러한 마인드가 보통의 캐디들과는 다른 분위기를 만들어내는 이유가 아닌가 생각합니다.

사람은 누구나 소득이 안정되면 일하기 싫어하게 되고 결국 나태해지기 쉽습니다. 또 누구나 특별함을 인정받고 싶어 하는데, 노력한 만큼 인정받지 못한다고 느끼면 지금까지 해왔던 일들을 후회하는 경향이 있지요.

그렇다면 내가 이제껏 노력한 부분들을 스스로 인정해보는 것은 어떨까요? 저는 가끔 과거의 저와 지금의 제가 누리는 것들을 비교해보며 이제껏 열심히 살아온 나 스스로를 인정하고 격려하는 시간을 가져보곤 합니다. 그럴 때마다 누군가 눈에 띄게 나를 인정해주지 않았어도 이제껏 열심히 살아온 것들이 결국 나 스스로에게 보상을 해주고 있었다는 것을 느끼게 됩니다. 분명 과거에 이루고 싶었던 것들을 지금은 누리며 살고 있기 때문이죠. 대부분의 캐디들이 정식 캐디가 된 이후 성장하지 못하는 결정적인 이유는 바로 이 때문이 아닐까 생각합니다. 결국 스스로 열심히 하는 것이 나 자신에게 상을 주는 최고의 방법입니다.

Success Story

돈과 시간이 없으면 꿈도 없다

$

"아직 제 모든 것을 바칠 만한 꿈을 찾지 못했습니다."

이렇게 말하는 사람들이 굉장히 많습니다. 저 역시도 스무 살이 되고 사회초년생이 될 때까지 꿈은 있어도 간절한 것은 느끼지 못한 채 그냥저냥 살았던 것 같습니다. 무엇을 해야 할지 감도 잡히지 않았고, 누군가 인생의 방향을 잡아주는 사람도 만날 수 없었지요. 그렇게 정처 없이 방황하다가 어느 날 갑자기 덜커덕 인생을 모두 바칠 만큼 간절함을 동반한 꿈이 인생에 찾아온다면 어떨까요? 그 꿈과 간절함으로 인해 하루하루 잠도 못 잘 만큼 내 마음을 설레게 만드는 목표 말입니다.

어떤 사람들은 꿈을 향한 마음이 정말로 간절하다면 못할 것이 없다고들 합니다. 그렇게 꿈을 이룬 사람들은 영웅으로 받들어지고 세상의 존경을 받게 되지요. 하지만 그것은 결국 꿈을 이룬 사람의 성공담일 뿐 우리 주변을 둘러보면 자신의 소중한 꿈을 포기하고 살아가는 사람들이 더 많습니다. 인기 드라마 〈미생〉에 나오는 주인공처럼 현실에서는 꿈을 이룰 가능성이 없다고 판단해 차선책을 선택하는 경우가 더 많습니다.

사실 꿈을 이루기 위해서는 모든 조건들이 맞아떨어져야 합니다. 가령 빌 게이츠가 아프리카에서 태어났다고 가정합시다. 지금의 마이크로소프트가 존재할 수 있었을까요? 이건희 회장이 북한에서 태어났다고 가정해봅시다. 삼성이 글로벌 기업으로 성장할 수 있었을까요?

최고가 되기 위해 필요한 노력 안에는 자신의 의지, 시간 투자, 꿈을 이루기 위한 방법도 포함되어야 하겠지만 무엇보다 내 생활을 뒷받침할 수 있는 자금이 필수입니다. 어떤 사람들은 세상을 살아가는데 있어서 돈은 그리 중요하지 않다고 말합니다. 하지만 기본적으로 자금이 뒷받침되지 않으면 내가 알고자 하는 것을 좋은 선생에게 배울 수도 없고, 보다 나은 실력을 쌓기 위해 장비를 마련할 수도 없습니다.

저는 어느 날 정말 원하는 꿈이 생겼을 때 그 꿈을 이루기 위한 첫 번째 조건이 돈이라는 사실에 세상이 무너져 내리는 것 같았습니다. 그 꿈을 평생 이룰 수 없는 몽상으로만 놔두기에는 너무 간절했고, 당장 이룰 수 없음에 가슴이 너무 아팠습니다. 많은 자기계발서들에서 말하기를, "자신의 꿈을 남에게 양보하지 말라"고 하듯이 정말 그랬습니다. 양보하고 싶지 않았습니다. 그때 결국 현실은 돈이라는 자원을 벗어날 수 없다는 것을 깨달았습니다. 스스로 준비가 되어 있지 않아서 간절한 꿈을 포기해야 하는 것만큼 비참한 것도 없습니다. 주변에서 뜯어말려서 꿈을 포기하는 것보다 현실을 직시하고 스스로 꿈을 포기해야 하는 상황이 더 비참합니다.

처음 캐디를 시작했을 때에는 너무 힘들었지만 가진 것이라곤 잡을 수 없는 꿈만 있던 제게 돈이라는 무기가 생기면서 꿈을 꿀 수 있는 기회들이 하나둘 생겨났습니다. 하지만 꿈을 이룰 수 있는 시간은 저를 기다려주지 않았습니다. 아무것도 하지 못하고 속절없이 떠나간 제 첫 번째 꿈은 빈털터리였던 제게 기반부터 갖추고 꿈을 꾸라는 현명함을 알려주었습니다.

저는 '조금만 더 시간적 여유가 있었다면, 조금만 더 배울 수 있는 환경이 뒷받침되었다면 과연 내 삶이 달라질 수 있었을까?'라는 생각을 가끔 합니다. 골프캐디를 하면서 하루도 생각하지 않은 적이 없습니다. 그래서 동료 캐디들이 좀 쉬겠다고 일을 제게 주면 거절하지 않고 골프장 코스를 뛰어다녔습니다. 적어도 새로운 꿈이 다시 생겼을 때 후회하고 싶지는 않았으니까요. 악착같이 일하고 악착같이 모으며 어떤 때에는 넉 달 동안 한 달에 평균 생활비 5만 원씩만 쓰고 1,800만 원을 저축하며 캐디 생활을 하기도 했습니다. 당시 아무것도 가진 게 없었던 저에게 그 돈은 핵무기보다 더 값진 것이었습니다.

캐디로 열심히 근무하고 근무 이외의 시간에는 재테크, 창업, 투자와 같은 공부들로 하루하루 보내던 어느 날 인상 깊은 동영상을 하나 보게 되었습니다. 바로 유대인들의 문화를 소개하는 다큐멘터리였습니다.

'바 미츠바'라는 유대인들의 성인식에는 어른이 된 아이들이 적지 않은 축하금을 받는 문화가 있다고 합니다. 우리나라 돈으로 약 1억 원이라는 금액을 선물로 받는 유대인들의 문화에서 우리나라 청소년들을 위한 해답을 찾을 수 있겠다는 생각이 들었습니다.

유대인들은 스무 살이 되는 시점부터 1억 원이라는 자금을 가지고 사회생활을 시작하게 됩니다. 그리고 그 돈에 대해서는 부모가 일체 관여하지 않는다고 하니 성인이 된 유대인들은 일찌감치 여유를 가지고 자신에게 부족한 부분들을 메꿀 수 있는 환경 속에서 사회생활을 시작하는 것과 같습니다. 그에 반해 우리나라는 비싼 대학교 등록금으로 인해 학자금 대출부터 껴안고 사회생활을 시작하는 사람이 더 많습니다. 빚을 진 상태로 사회생활을 시작하는 것입니다.

한 번뿐인 인생, 우리는 누구나 세상의 모든 것들을 누릴 자격이 있습니다. 늘 참고 견디고 지금 하고 싶은 것들을 다음으로 미룰 것이 아니라 지금 당장 하고 싶은 것들을 해봐야 합니다. 돈에 발목 잡혀 꿈을 포기해서는 안 됩니다. 어른이 되었다면 하고 싶은 것은 하고 살아야 합니다. 남에게 피해를 주지 않는 선에서 무엇이든 해도 되는 자유의지를 가지고 살아야 진정한 어른이라고 할 수 있습니다. 물론 이러한 자유의지를 갖기 위해서는 책임감과 스스로 당당할 수 있는 힘을 길러야 하겠지요. 돈이라는 것이 그것을 가능케 해주는 도구가 되어줄 것입니다.

아르바이트, 투잡, 시간에 비해 적은 임금만 주는 그런 직업들도 어마어마한 노력을 하면 돈을 모으는 것이 가능하기는 할 것입니다. 하지만 그렇게 할 수 있는 사람이 과연 얼마나 될까요? 그에 비해 골프캐디는 조금만 노력하면 삶의 기반을 보다 쉽게 마련할 수 있는 직업입니다. 1억이라는 돈, 사실 적은 돈은 아닙니다. 하지만 자신의 인생을 위해 누군가 해주지 않는다면 스스로 벌면 되는 것입니다.

Success Story

캐디 수급, 마스터가 근본적으로 풀어야 할 숙제

오늘도 골프장 마스터들은 나 하나만을 바라보고 움직이는 골프 캐디들을 보며 '오늘 하루를 또 무사히 보낼 수 있을까', 많은 고민을 하며 밤잠을 설치고 있을지도 모르겠습니다. 날마다 치루는 전투 같은 경기과 운영을 하면서 많은 캐디들의 불만사항을 접수하는 동시에 당장 내일 라운드 계획까지 짜야 하고, 부족한 캐디들을 보충하기 위해 여기저기 구인구직사이트에 캐디 모집 광고도 올려보며 어떻게 하면 더 나은 인재를 데려올 수 있을까 끊임없이 고민하고 있을 것입니다. 여기에 새로 입사한 캐디가 있다면 그들도 챙겨줘야 하고, 기숙사도 배정해줘야 하며 식사 방법까지 알려줘야 하는 등 새로운 캐디가 골프장에 들어오면 신경 쓸 일이 더없이 많아지지요.

마스터는 골프장에서 혼자뿐이기에 자신을 도와줄 든든한 조장들과 함께 친목을 다지는 시간도 가져야 할 것입니다. 캐디들은 자신의 일에만 신경 쓰면 그만이지만 마스터의 일은 끝이 없습니다. 캐디들을 통솔하기도 쉽지 않은데 위에서 내려오는 지시들도 많고, 캐디들을 위해 골프장 사장님 혹은 회장님의 눈치까지 보며 마스터 업무를 보는 등 매일이 전쟁입니다.

누군가 조그마한 변화를 위해 애쓴다면 분명 골프장과 캐디, 그리고 더 나아가 취업 문제로 고민하고 있는 청년들에게까지 도움이 될 것이라고 생각합니다. 이러한 생각들과 지식들을 제대로 알려줄 수 있는 환경이 만들어진다면 더없이 좋은 인재들이 나올 것이 분명합니다. 하지만 과거부터 있어왔던 캐디 교육을 하는 곳과 캐디를 일용직처럼 여기는 곳들에 의해 마스터들의 불신이 굉장히 커져 있는 상황입니다. 결국 이런 곳을 통해 들어온 신입 캐디들도 스스로 입사한 다른 교육생들과 마찬가지로 골프장에 제대로 적응하지 못하고 그만두는 일들이 너무 많다는 것을 알기 때문이죠.

많은 골프장 마스터들이 이러한 상황에서 결국 선택하는 것은 처음부터 경력 있는 골프캐디를 선발하는 모집 공고를 올리는 것입니다. 그런데 캐디 역할을 제대로 해낼 수 있는 캐디들이 갈수록 줄어들고 있는 시점에서 경력 캐디들을 모집한다고 해도 딱히 인재들이 들어오는 경우는 많지 않습니다. 골프장에서는 캐디가 항상 필요하지만 이렇듯 제대로 된 능력을 갖춘 캐디들만을 선호합니다. 그런데 그런 캐디가 쉽게 모집되지는 않고 그렇다고 신입 캐디들을 모집해 교육하는 것은 확률이 낮은 곳에 내 시간을 투자해야 하는 상황입니다. 신입 캐디들을 최대한 제대로 가르쳐서 하루빨리 근무에 투입시켜 인재로 만들 수 있다면 어떨까요? 그나마 마스터들의 업무가 조금이라도 더 수월해지지 않을까요?

새로 골프캐디를 시작하는 사람들 역시 하루라도 빨리 근무를 나가서 소득을 올리고 싶어 합니다. 물론 어느 정도 융통성을 가진 캐디 마스터들은 신입 교육생들을 빠르게 정식 캐디로 전환시켜주지만, 어떤 캐디 마스터들은 강압적으로 신입 캐디 교육생들을 3~4개월 혹은 그 이상 방치해놓고 신경 안 쓰는 곳도 있습니다. 골프장 운영을 하다 보면 여러 가지 상황들에 의해 신입 캐디들을 신경 못 쓰는 경우도 있긴 하겠지만, 신입 캐디들에게 특별히 신경 쓸 수 있는 체계를 만들어나가는 것이 골프장과 캐디를 꿈꾸는 사람들에게 모두 득이 될 수 있을 것입니다. 경기과의 운영 측면에서도 훨씬 이득이 될 것이 자명하고요.

골프캐디는 분명히 좋은 직업입니다. 많은 사람들에게 알려지지 않은 직업이기에 오해가 두텁게 쌓여 있고, 또 더 나은 방법을 찾아 개선하고자 하는 노력이 없었기에 상황이 좋지 않을 뿐입니다. 그 누구보다도 이 사실을 정확히 알고 있는 것은 분명 경기과를 운영 하는 마스터들일 것입니다. 캐디에 대해 속속들이 알며 골프장에서 캐디들이 기댈 수 있는 유일한 사람은 캐디 마스터들이기에 이러한 문제를 앞장서서 풀 수 있는 사람 또한 캐디 마스터들이라고 할 수 있습니다.

골프캐디는 직업의 특성상 폐쇄적인 느낌이 많은데 앞으로 일반인들에게 보다 긍정적으로 다가가기 위해서는 캐디들과 함께 마스터들의 노력도 반드시 동반되어야 합니다. 캐디 혼자서는 아무것도 할 수 없습니다. 많은 캐디들을 통솔할 수 있는 권한을 가진 마스터들이 사명감을 갖고 골프장의 이미지를 개선시키기 위해 노력을 기울여야 합니다. 좋은 마인드를 가진 사람들끼리 좋은 시도를 하다 보면 서로가 불편하고 어려워했던 문제들도 쉽게 해결할 수 있는 방법을 찾게 될 것입니다.

EPILOGUE

연봉 4천만 원, 실천하는 20대들의 몫이다

많은 경험을 해보고 많은 책들을 읽다 보면 옳고 그른 것에 대한 나름의 기준이 생깁니다. 그러한 기준을 바탕으로 실천하다 보면 실수를 줄이거나 남들이 해내지 못하는 것들을 이뤄내는 것들이 가능하지요. 책을 쓴다는 것도 그런 것 같습니다.

많은 책들을 읽어보고 책에 나오는 내용들을 토대로 실천하다 보면 어떤 책들은 이상적인 이야기만 가득할 뿐 실전에서는 욕만 먹는 방법들이 나열되어 있는가 하면, 어떤 책들은 제시하는 방법 하나하나가 소득을 늘려주거나 효율을 높여주는 알짜배기 내용들이 담겨 있는 경우가 있습니다. 이 책 역시 읽는 분들로 하여금 곱씹으면 곱

씹을수록 도움이 되는 책이 되기를 바랍니다.

한국캐디사관학교를 운영하며 이민중 원장이 많은 캐디 수강생들과 오랫동안 연락을 주고받는 모습을 보면서 제가 캐디 일을 하는 동안 개선되어야 한다고 주장했던 것들이 정녕 틀리지 않았다는 사실을 알 수 있었습니다. 이를 통해 올바른 것들은 언젠가 제대로 된 평가를 받게 된다는 진리를 깨닫게 되었습니다.

골프캐디를 하겠다고 찾아오는 젊은 청년들 중에는 아직도 부모님의 반대를 꺾지 못해 다시금 자신이 끔찍하게 싫어하는 현실로 되돌아가는 분들도 있습니다. 그런 모습들을 보며 답답한 마음에 써 내려간 글들이 어느새 한 권의 책으로 완성되었습니다. 이제부터는 그런 분들에게 한 권씩 쥐어줄 수 있다는 사실이 저를 기쁘게 합니다. 왜냐하면 그냥 말로만 부모님을 설득하는 것이 아니라 제대로 된 책이라도 한 권 쥐고 있어야 20대 청년들의 인생이 달라질 가능성이 조금이라도 높아질 수 있을 거라고 생각하기 때문이죠.

무언가를 실천하기 위해서는 실제로 굉장한 용기가 필요합니다. 저 역시도 제가 잘 알지 못하는 것들을 실천해야 할 때에는 이리저리 많은 사람들의 의견을 구하는 것부터 시작해서 여러 가지 조건들을 두고 조목조목 따져보곤 합니다. 결론적으로 한 두어 번 실천해보면 그러한 고민들은 어느새 의미 없는 것으로 변해버리지만 사실 용기를 낸다는 것 자체가 쉽지 않지요. 그럼에도 불구하고 가능하면 소모적인 고민들은 그만 접어두고 용기를 내어 실천과 행동하는 것만이 자신이 원하는 것을 얻을 수 있는 최고의 방법이라고 감히 말하고 싶습니다.

인터넷의 발달로 정보의 평등은 이루어졌지만, 지식만 평등해졌지 각각 인생의 질은 평등해지지 않은 것 같습니다. 머릿속으로만 아는 것 말고 직접 실천하고 경험해봐야 인생의 질이 달라질 수 있습니다. 연봉 4천만 원, 많은 사람들이 쉽게 대박을 꿈꾸지만 실제로 한 단계, 한 단계 밟아보는 경험을 해봐야 이보다 더 높은 연봉도 현실로 이룰 수가 있습니다.

더 이상 젊음을 허비해서는 안 됩니다. 어떤 사람들은 젊으니까, 청춘이니까 인생을 즐겨야 한다며 아무런 준비도 하지 않은 채 나이만 먹어가기도 합니다. 골프캐디는 그렇게 아무것도 가진 것 없는 20대 청춘들에게 마지막 디딤돌이 되어줄 것입니다.

젊은 나이에 유별나게 일찍 성공하는 천재들이 많습니다. 하지만 결국 그들의 이야기도 잘 들어보면 그렇게 될 수밖에 없는 환경과 인간관계, 그리고 그렇게 되고자 했던 확고한 의지가 있었다는 것을 알 수 있습니다. 이 책을 읽는 청년들은 자신의 위치를 제대로 확인하고 스스로 성장할 수 있는 여건들을 만들어갈 수 있기를 희망합니다.

마지막으로 이 책을 완성하기 위해 그동안 한국캐디사관학교에 수강 중인 캐디 분들에게 추천사를 요청했는데 너무나도 많은 글을 남겨주셔서 감사의 마음으로 책 뒷면에 싣지 못한 추천사들을 남기며 책을 마무리 합니다.

20대 청춘들, 100일 만에 연봉 4천만 원 만들 수 있다!

골프캐디 여러분, 오늘도 화이팅!

추천사

할까? 말까? 느지막이 시작한 일이라 한 달을 고민하고 또 고민해서 망설임과 두려움 속에 내딛은 첫걸음……. 늘 선택 후 내 삶에 후회하지 않기 위해 남보다 더 공부하고 단 10분이라도 더 미친 듯 뛰면서 하나둘 배웠던 모든 시간들이 지금 현재를 살아가는 제 삶에 소중한 힘이 되었습니다. 시작을 위해 망설이고 고민하고 있다면 당신의 마음은 이미 용기로 가득한 것입니다. 새로 시작함에 두려움과 망설임을 내려놓고 도전하세요! 응원합니다, 그대의 용기에!

《현직 골프캐디 '리멤버'》

캐디를 하면서 돈을 많이 버는 것을 볼 때, 어릴 때 왜 이런 일을 하지 않았을까 후회가 되네요. 정말 고소득을 생각하신다면 꼭 캐디를 생각하시는 것도 나쁘지 않다고 생각합니다. 캐디가 되어서 만나 뵈었으면 좋겠네요.

《예비 골프캐디 '내가누구게2'》

의심 반, 기대 반으로 캐디 일을 시작한 지 2년차입니다. 지어낸 이야기가 아닌 실제 한캐사 수강생분들 사례도 조금씩 나오고 하니 이제 막 시작하시는 분들께는 좀 더 와 닿을 것 같아요.

《현직 골프캐디 '별이'》

저자의 캐디에 대한 경험과 다른 캐디들의 이야기도 담겨 있어서 좋았어요! 이 책을 읽으면 이제 시작하시는 분들은 '캐디가 이렇구나' 하는 걸 알 수 있고, 지금 캐디 분들은 옛 생각도 나실 것 같아요. 한캐사 덕에 원하는 걸 배울 수 있었고, 나름 돈도 열심히 벌면서 살고 있는 저에게 만족 중입니다! 캐디, 하루라도 먼저 시작하세요. 후회 안 합니다!

《현직 골프캐디 'Geine'》

캐디라는 직업의 선입견에 대해 다시 생각해보며 '참 재미있는 직업이구나'라는 걸 느낄 수 있었습니다. 캐디를 해볼까, 말까 고민만 하고 있는 사람들에게 이 책을 꼭 추천합니다. 우리 모두 다 함께 연봉 4천만 원을 향해 달려보아요.

《현직 골프캐디 '지연'》

이 책이 나와서 정말 반갑습니다. 아직 캐디에 대해서 선입관을 가진 사람들이 많은데, 이 책으로 인하여 캐디에 대한 인식이 많이 바뀌었으면 하는 바람입니다. 그리고 읽다 보면 매력적인 직업이라는 걸 깨닫게 되는 순간이 올지도…….

《현직 골프캐디 'apflcmeocb'》

교육생일 때만 해도 '내가 이걸 잘할 수 있을까?', '난 왜 이것밖에 못하지?'라고 수십 번 생각하며 울기도 하고 좌절도 하고 그랬는데, 지금은 서툴지만 어엿한 캐디가 되어 이런 글도 쓰고 있답니다. 만약 지금 망설이고 있다면 그럴 필요가 없다고 말씀드리고 싶은 제 마음을 가득 담은 책인 것 같아요. 겁내지 마세요! 도전하세요!

《현직 골프캐디 '미블리'》

3일 뒤면 교육생 캐디로 골프장에 입사하게 될 스물다섯 살 청춘입니다. 설렘 반, 걱정 가득, 마음 졸여가며 입사를 기다리는 동안 이 책을 읽으며 '캐디'란 직업을 선택해야만 하는 나만의 이유, 5년 뒤 나의 모습을 떠올리며 다시 한 번 마음을 다잡았습니다. 더 이상 지체할 시간이 없습니다. 가야 할 길과 방법을 알았으니 앞만 보고 달릴 일만 남았습니다.

《예비 골프캐디 '용바라기'》

처음엔 친구의 권유로 시작하게 되었어요. 어떻게 시작할지 막막했는데 시간이 약인 듯 지금은 능숙하게 잘하고 있어요. 점점 돈이 모일수록 든든해지고 하루빨리 돈을 많이 모아서 제 꿈을 이루고 싶어요. 다들 어려워 말고 시작하세요!

《현직 골프캐디 '딸래미'》

캐디를 시작하는 입장에서 초심을 잃으려 할 때마다 이 글을 읽어볼 것 같아요. 캐디에 대한 고정관념을 깨주고 캐디를 할까, 말까 고민하는 사람들에게는 좋은 지침서가 되어주는, 꼭 권해주고 싶은 책!^^

《현직 골프캐디 '겸다혜'》

정말 내용이 좋아요. 캐디에 대한 선입견도 없애주고 내 일에 자부심도 갖도록 해주며 쉽게 이해할 수 있어서 좋아요. 한캐사, 대박 나시길 바랄게요.

《현직 골프캐디 '현OO'》

누군가 갈고 닦아놓은 길을 걷는다는 건 그 뒤에 따라오는 사람에게 편안함을 주는 것 같습니다. '내가 캐디를 잘할 수 있을까?'라는 막연한 두려움과 고민만 갖고 있던 나에게 용기와 힘을 실어주었고 캐디로서의 삶뿐만 아니라 그 이상의 것들까지 다시 한 번 생각하고 돌아보게 해주었습니다. 꿈을 망각하며 의미 없이 헛되이 캐디로서 하루하루를 보내게 될 때마다 이 책을 다시금 펼쳐볼 것 같습니다.

《현직 골프캐디 '화랑'》

스물여섯 청춘, 100일 만에 연봉 4,000만 원 받는 비밀 노트

1판 1쇄 펴낸날 2016년 7월 22일

지은이 진수현
펴낸이 나성원
펴낸곳 나비의활주로

기획 유지은
책임편집 권영선
디자인 All design group

주소 서울시 강북구 삼양로85길 36
전화 070-7643-7272
팩스 02-6499-0595
전자우편 butterflyrun@naver.com
출판등록 제2010-000138호

ISBN 978-89-97234-79-0 03320